LUGARES SAGRADOS SECRETOS

Martin Gray

EDITORIAL JONGLEZ

Para Mark Schultz, quien me ha ayudado de una manera extraordinaria durante veinte años para crear mi guía de peregrinación mundial en sacredsites.com

Malekallu Tirupathi Hilltop Temple - Karnataka, Arasikere - India

Introducción

En 2004, la editorial americana Barnes and Noble publicó mi libro *Sacred Earth, Places of Peace and Power* (*Tierra sagrada, lugares de paz y poder*). Este libro contenía fotografías en color preciosas de 150 de los lugares de peregrinación más emblemáticos y conocidos del mundo. La introducción de ese libro, que se puede leer en mi web *Guía de peregrinación mundial* en sacredsites.com, habla de la ubicación de los lugares sagrados y de cómo podemos explicar sus poderes y efectos en los visitantes. Te recomiendo que dediques unos minutos a leerla porque te ayudará a comprender mejor los lugares que te muestro en este libro *Lugares sagrados secretos.* Los lugares que descubrirás en este libro son poco conocidos fuera de las regiones donde se encuentran y de las religiones que se practican en ellos. Algunos reciben multitud de peregrinos cada año, mientras que otros acogen pocos. Algunos aparecen en guías de viaje y otros solo los conocen los antropólogos culturales y los peregrinos que los visitan.

En 1982, viví unas experiencias visionarias extraordinarias que me llevaron a empezar a viajar a esos lugares sagrados. Durante las cuatro décadas siguientes, hice muchísimos viajes durante los cuales visité, estudié y fotografié más de 2000 lugares de peregrinación en 160 países. Durante aquellos viajes, leí mucho sobre arqueología, religión, mitología y chamanismo. Muchas de estas fuentes académicas aparecen en las bibliografías de la web *Guía de peregrinación mundial.* También viví experiencias visionarias en distintos lugares sagrados. Estas experiencias, junto con mis estudios, me aportaron año tras año un conocimiento mayor de los lugares sagrados y de lo importante y beneficioso que es visitarlos.

Aprendí que hay tres grandes categorías de visitantes de los lugares sagrados. La primera, y la más numerosa con diferencia, es la de los peregrinos tradicionales: budistas, cristianos, hindúes y musulmanes que acuden a los lugares sagrados de sus respectivas religiones. En la segunda categoría están los turistas que visitan, en distintos países, lugares con una arquitectura monumental, como por ejemplo Stonehenge en Inglaterra, la Gran Pirámide en Egipto, Machu Pichu en Perú, que fueron lugares sagrados mucho antes de que apareciera el turismo. Y en la tercera categoría, un número cada vez mayor de personas como yo que se sienten atraídas por estos lugares por motivos ajenos a la religión o al turismo. A lo largo de cuatro décadas, he hablado con cientos de personas de esta tercera categoría y en repetidas ocasiones he escuchado historias similares sobre los motivos que les habían llevado a visitar lugares sagrados.

Algunos me hablaron de visiones que habían tenido desde su juventud y que les habían empujado a viajar a lugares sagrados. Algunos me contaron que tuvieron sueños recurrentes sobre lugares sagrados concretos que despertaron su deseo de visitarlos. Otros me dijeron que habían visto varias veces fotografías de lugares concretos en revistas y documentales, casi como si los lugares les invitaran a visitarlos. Oí comentarios sobre un misterioso magnetismo espiritual que ejercían los lugares sagrados. Y de vez en cuando, entre todas estas explicaciones, oí relatos de hechos milagrosos que algunas personas habían experimentado en distintos lugares sagrados.

Estos testimonios de magnetismo espiritual y experiencias milagrosas en los lugares sagrados no me sorprendieron porque formaban parte de mi propio viaje, Y, como iba a aprender estudiando los testimonios históricos de los viajes de otros peregrinos y las leyendas fundacionales de distintos lugares sagrados, a menudo se mencionaban diversos tipos de milagros. Aunque la mayoría de los científicos contemporáneos afirmarán que tales cosas son imposibles, cabe señalar que el teólogo cristiano del siglo IV San Agustín (354-430) dijo una vez: «Los milagros no están en contra de la naturaleza, sino contra aquello que nosotros sabemos de ella.»

¿Cómo explicar estos hechos aparentemente milagrosos, de los cuales una gran variedad se ha producido en lugares sagrados del mundo entero desde mucho antes del comienzo de la era histórica? Y subrayo lo de antes del comienzo de la era histórica porque muchos de los milagros relatados nos llegan a través de leyendas y mitos que hablan de épocas anteriores a la aparición de los escritos históricos.

Basándome en mis estudios y experiencias personales, sugiero varias influencias que pueden estar al origen de los fenómenos milagrosos que se han registrado en distintos lugares sagrados. Estas serían las influencias de los cuerpos celestes (que se estudian en la ciencia de la arqueoastronomía), las influencias de las diferentes energías terrestres, las influencias de las matemáticas particulares utilizadas en el diseño y la construcción de los distintos tipos de arquitectura presentes en los lugares sagrados, las influencias de los materiales de piedra utilizados en las construcciones sagradas, las influencias de la luz y el sonido, y el poder de la intención humana (manifestada a través de las intenciones de los diseñadores, constructores, sacerdotes y peregrinos de los lugares). Examino y analizo cada una de estas influencias con todo detalle en mi web *Guía de peregrinación mundial,* que te invito a leer. Aquí, en esta breve introducción, me referiré brevemente a ellas.

Los astrólogos afirman que distintos cuerpos celestes -el sol, la luna, los planetas y las estrellas- ejercen una influencia psicológica y física sobre las personas en distintos lugares y momentos. Estas afirmaciones se vienen haciendo desde hace miles de años en una gran variedad de culturas de todo el mundo. ¿Cómo podemos explicarlas? La fuerza de la gravedad, todavía un misterio para la ciencia puede darnos una pista. Parece que la posición entre nuestro planeta y otros objetos celestes puede dar lugar a experiencias profundas para los seres humanos.

Además, como los cuerpos celestes tienen diferentes ciclos de movimiento, podemos distinguir patrones repetitivos de influencias marcados por periodos específicos en nuestros calendarios. Los periodos más conocidos son los solsticios, los equinoccios, los lunasticios y las apariciones de varios planetas en el horizonte. Varias culturas antiguas hicieron un seguimiento preciso de cada uno de los acontecimientos que aparecen con extraordinaria frecuencia en los mitos y leyendas de estas culturas. En lugar de descartar estas evocaciones míticas como si fueran imaginaciones preliterarias de pueblos prehistóricos, sugiero que les prestemos una mayor atención y, de este modo, podamos descubrir algo hasta ahora desconocido o malinterpretado.

Sankassa - Uttar Pradesh - India

Shirdi Sai Baba Samadhi Mandir - Shirdi, Maharashtra - India

¿Y qué decir de las llamadas energías terrestres? En efecto, podemos ampliar nuestra reflexión al respecto mencionando energías conocidas como el magnetismo, el electromagnetismo, las influencias localizadas de minerales altamente concentrados y la presencia de aguas subterráneas que fluyen. Aunque para la mayoría de la gente estas energías no sean directamente palpables, no significa que no existan. Al igual que podemos percibir la existencia de brisas sutiles observando los árboles que se mueven con el viento en una lejana colina, ciertas personas sensibles también pueden percibir los efectos de las energías terrestres conocidas mediante el uso de diferentes técnicas de radiestesia. Tales habilidades han sido desarrolladas y utilizadas durante miles de años. Es importante mencionar aquí que las diversas herramientas de radiestesia no localizan realmente las energías de la tierra, sino que magnifican la respuesta del sistema nervioso humano a esas energías.

Las leyendas antiguas y los relatos históricos -incluidos los del *feng shui* chino, el *vastu* hindú, la Mesoamérica precolombina y la Europa cristiana primitiva- suelen mencionar líneas terrestres de poder y lugares específicos a lo largo de dichas líneas donde las fuerzas, o los espíritus, están más concentrados y disponibles para uso por parte del ser humano. Como confirmación de esto, podemos señalar la notable disposición lineal de determinados lugares sagrados situados sobre grandes distancias, denominadas a veces líneas ley, y la posición no orientada celestialmente de diferentes templos e iglesias primitivas concretas. Estos son también temas que necesitan más estudio, lo que requerirá que el investigador se despoje de ideas preconcebidas.

Luego, debemos considerar las matemáticas utilizadas para diseñar y construir estructuras sagradas. Es posible que hayáis oído hablar de términos como la proporción áurea, la sucesión de Fibonacci y la geometría sagrada. Se trata de matemáticas concretas que utilizaron los antiguos constructores para diseñar y construir diversos megalitos, pirámides, templos, iglesias y mezquitas. Al igual que los instrumentos musicales, como pianos, flautas y guitarras, se construyendo siguiendo fórmulas matemáticas precisas, ciertas construcciones religiosas también se diseñaron y construyeron para que las «notas» espirituales resonaran correctamente en su interior.

Los tipos de piedras empleados en la construcción también eran importantes para los antiguos constructores, y esto queda patente por el uso frecuente de arenisca con alto contenido en cuarzo y rocas magmáticas -cuyo transporte requería mucho esfuerzo- como las que se pueden ver en diferentes pirámides, estructuras megalíticas y catedrales europeas de la época medieval. Al igual que los complejos circuitos informáticos actuales dependen de la inclusión de minerales específicos, también se usaron determinados tipos de minerales en la fabricación de distintos tipos de estructuras sagradas.

Otros dos aspectos importantes que hay que considerar a la hora de estudiar extraordinarios fenómenos que se observan en los lugares sagrados son el hábil uso de la luz y del sonido en los espacios sagrados construidos. Las enormes y elevadas catedrales medievales deslumbran a los peregrinos con exquisitas vidrieras y haces de luz de colores brillantes. La música sagrada que interpretan en los órganos resuena en los grandes espacios. Monjes y peregrinos -cristianos, hindúes, budistas y sufíes- entonan armonías que inducen al trance, acompañados de tambores, campanas e instrumentos de viento. El poeta Goethe dijo una vez que la arquitectura sagrada es música congelada. Y dentro de esa arquitectura, la sacralidad se amplifica con imágenes y sonidos de una belleza gloriosa. Hoy en día, visitar lugares sagrados es adentrarse en estos reinos.

También podemos hacemos hincapié en la cuestión de la intención humana y su profunda influencia en las experiencias de las personas dentro de los distintos espacios sagrados. Todas las personas implicadas en la creación, construcción, gestión y uso de los lugares sagrados contribuyen a lo que podríamos llamar el campo o la presencia de un lugar sagrado. Existe una concentración de santidad que impregna y envuelve las inmediaciones de los lugares de peregrinación, y este campo de santidad es el resultado de las intenciones acumuladas de todos los individuos que han participado en el desarrollo y uso de los lugares a lo largo del tiempo.

¿Cuál es el carácter, la calidad y la naturaleza de este campo de santidad en los lugares sagrados? Me lo pregunté durante las dos primeras décadas de mis visitas a lugares de peregrinación de todo el mundo. Vi a hombres y mujeres, jóvenes y ancianos, de diversas religiones expresando lo que parecía ser una multitud de cosas diferentes. Vi alegría y angustia, esperanza y desesperación en los rostros de los peregrinos. Me pregunté si había algo en común en lo que observaba. Descubrí que sí. Había dos cosas en común en lo que hacían los peregrinos. Decían "por favor" y "gracias". Rezaban y expresaban gratitud por las oraciones que habían sido escuchadas. Estas intensas emociones del corazón y la mente precedían y trascendían todas las religiones practicadas en los distintos lugares sagrados. Lo que yo observaba -y sentía- era la universalidad del anhelo y la gratitud del alma humana.

Paralelamente a esta comprensión sublime del poder de los lugares de poder y de la naturaleza de su carácter sagrado, comprendí cómo acceder a ellos a título personal. Esto es muy sencillo y está al alcance de cualquiera, independientemente de sus creencias religiosas o de la falta de ellas. Sólo hace falta estar presente en un lugar sagrado. No hacen falta creencias, rituales, asistencia sacerdotal ni conocimiento de textos religiosos. Sólo la simple acción de estar en un lugar sagrado con el corazón y la mente abiertos.

Tal vez te preguntes cómo los poderes transformadores de los lugares sagrados se transmiten a un visitante. Esto también es sencillo, y una analogía resulta útil para explicarlo. Piensa en lo que ocurre cuando metes una bolsita de té en una taza de agua caliente. La esencia del té impregna el agua caliente y transfiere su sabor. ¿O qué ocurre cuando una película fotográfica se expone a la luz durante una fracción de segundo? La luz cubre la película y crea la impresión de una escena. O, lo que es aún más ilustrativo, ¿qué ocurre cuando se descarga un archivo en un ordenador de forma inalámbrica? Se realiza una transferencia rápida de información de la fuente al receptor.

Además de lo que podríamos llamar la esencia espiritual disponible en los lugares sagrados -esas destilaciones de las expresiones acumuladas de las oraciones y la gratitud de millones de peregrinos a lo largo del tiempo-, también existen energías o poderes particulares específicos de cada lugar sagrado.

Antiguas leyendas y crónicas actuales hablan de experiencias extraordinarias vividas durante visitas a lugares sagrados. Según estas historias, los lugares sagrados pueden curar el cuerpo, iluminar la mente, aumentar la creatividad, desarrollar habilidades psíquicas y despertar el alma para que comprenda su verdadero propósito en la vida. ¿Cómo puede explicarse esto?

Una vez más, una analogía ayuda a comprender la cuestión. Consideremos el cuerpo humano desde la perspectiva de la medicina oriental, que afirma que numerosas líneas de acupuntura o meridianos fluyen por todo el cuerpo, cada uno de los cuales corresponde a un órgano o sistema concreto. Del mismo modo, en la Tierra existen líneas de fuerza que se extienden por todo el planeta, y lugares a lo largo de estas líneas, que contienen y emanan diferentes características energéticas. Estas corrientes telúricas, denominadas líneas *Lung Mei* (líneas ley) en el *feng shui* chino, son actualmente poco conocidas, comprendidas o estudiadas por la

Tinos pilgrim - Greece

Shirdi Sai Baba Samadhi Mandir – Shirdi, Maharashtra – India

ciencia contemporánea. Sin embargo, un ethos emergente de ecología espiritual está fomentando el interés y la exploración de este asunto.

Una cuestión fascinante relacionada con este asunto es la notable correlación entre las características de la personalidad de las distintas deidades veneradas en lugares sagrados y las diversas cualidades energéticas de los lugares. ¿Cómo se explica esto? En primer lugar, cabe destacar que algunos lugares sagrados están dedicados a deidades masculinas o femeninas. Quizá esto sea a veces un indicador de la polaridad energética de los lugares o, como dirían los practicantes del *feng shui*, de la esencia *yin y yang* de los lugares.

Además de esta categorización básica positiva/negativa, masculina/femenina, existe una gran variedad de deidades e historias sobre esas deidades en algunas religiones, en particular en el hinduismo. He aquí una cuestión importante: ¿Existen todas estas deidades diferentes y realizan diferentes acciones en diferentes lugares sagrados, o se entienden mejor como metáforas, como símbolos que indican la variedad de lugares sagrados, sus diferentes energías y sus efectos sobre las personas? Basándome en mis estudios sobre religión, mitología y cientos de leyendas de lugares sagrados, puedo afirmar que existe una conexión entre la energía específica de determinados lugares, el carácter de sus mitos asociados y las experiencias de la gente en dichos lugares. Los mitos y leyendas de los lugares sagrados permiten a menudo comprender cómo te afectarán como visitante.

Para terminar, me gustaría hacerte unas sugerencias sobre el uso de este libro y la interacción con los lugares sagrados cuando estés en ellos. Considera las imágenes de este libro y del sitio web de la *Guía de peregrinación mundial* como ventanas a través de las que mirar, más que como fotografías que contemplar. Además, considera que estas "ventanas" permiten transmitirte la esencia homeopática visual de los lugares sagrados.

También puedes utilizar este libro y el sitio web como oráculo para determinar qué lugares sagrados te conviene visitar. Con esta pregunta en mente -qué lugar sagrado concreto te convendría visitar- cierra los ojos y hojea lentamente las páginas. Deja que el magnetismo espiritual de un lugar o de varios atraviese el espacio y te guíe para que sepas cuándo detenerte y abrir los ojos. Este proceso tiene una magia extraordinaria. Deja que los lugares sagrados te elijan a ti y no al revés.

Cuando visites un lugar sagrado, es importante que comprendas que las energías van en ambas direcciones. El lugar sagrado te influye, y tú también influyes en el lugar. Un ser humano puede funcionar como una aguja de acupuntura en la tierra viva, y nuestras energías espirituales pueden beneficiar al planeta. En el sitio web de la Guía de peregrinación mundial explico una sencilla técnica de meditación que puedes utilizar para concentrar y dirigir conscientemente la energía sanadora hacia la tierra en los lugares sagrados.

Por último, me gustaría hablar brevemente del futuro uso de los lugares sagrados del mundo. Estamos entrando en una Era Gaiana de Peregrinación, y se está produciendo un cambio de paradigma en la comprensión de las implicaciones y la potencia de la peregrinación. Se está produciendo un fenómeno sociocultural generalizado, que es el despertar y la vitalización de la conciencia eco-espiritual global. Los seres humanos disponen de una energía espiritual transformadora, concentrada en lugares específicos de todo el planeta, que cataliza y aumenta esta conciencia eco-espiritual. Estos lugares son los sitios sagrados ilustrados en este libro y en mi página web *Guía de peregrinación mundial.* A medida que cada uno de nosotros despierta a un conocimiento más profundo de su conciencia espiritual, potenciamos aún más el campo global de la conciencia eco-espiritual. Ese es el significado más profundo y el propósito de estos lugares sagrados mágicos: son puntos de origen del poder de la iluminación espiritual.

Índice

White Sands

Nuevo México • Estados-Unidos

En el centro sur de Nuevo México se encuentran los mayores campos de dunas de arena de yeso del mundo, conocidos como *White Sands*. De un blanco brillante, sus dunas cubren una superficie de casi 370 kilómetros cuadrados y muchas de ellas superan los 18 metros de altura. Eran un lugar mítico para los indios que buscaban visiones en el suroeste de Estados Unidos y norte de México, aunque también atraen a visitantes de lugares muy lejanos. Pese a que los funcionarios del Parque Nacional y del gobierno niegan rotundamente su existencia, en los últimos 50 años se han observado cientos de ovnis en estos campos.

Cañón del Chaco

Nuevo México • Estados-Unidos

En las profundidades de los remotos desiertos del noroeste de Nuevo México se encuentran las extensas ruinas del logro arquitectónico más destacado de los indios norteamericanos anasazi. El yacimiento, conocido como el complejo del Cañón del Chaco, existió entre los años 700 y 1150 hasta que la sequía obligó a los anasazi a abandonarlo. Fue el principal centro social y ceremonial de la cultura anasazi.

Nuestra Señora de Luján

Luján • Argentina

A 68 kilómetros al oeste de Buenos Aires (Argentina), se encuentra la ciudad de Luján, famosa por su gran basílica dedicada a la Virgen María, Nuestra Señora de Luján, construida entre 1887 y 1935. Nuestra Señora de Luján es la patrona de Argentina, Paraguay y Uruguay. Todos los años, unos seis millones de personas visitan el santuario, muchas de ellas repartidas en los cuatro importantes periodos de peregrinación. Las fiestas de Nuestra Señora de Luján se celebran el 8 de mayo y el 8 de diciembre.

Gruta del Bom Jesus da Lapa

Bom Jesus da Lapa • Brasil

La gruta del Bom Jesus da Lapa, en Brasil, es una cueva natural de piedra caliza que descubrió el sacerdote portugués Francisco de Mendonça Mar en 1691. La iglesia alberga la tercera mayor fiesta católica de Brasil, que atrae a hasta 800 000 visitantes al año. La romería anual, Romaria do Bom Jesus da Lapa, tiene lugar en agosto y celebra la importancia mitológica del lugar en el catolicismo brasileño.

Santuario del padre Cícero

Brasil

Ubicado en el corazón del nordeste de Brasil, el santuario del padre Cícero se construyó en honor al Siervo de Dios Cícero Romão Batista a finales del siglo XIX. El padre Cícero (1844-1934), ordenado sacerdote en 1870, tenía fama de sanador milagroso con poderes sobrenaturales. Predicó una teología centrada en la justicia social y abogó por la reforma agraria. En 1889 fundó una ciudad religiosa llamada Juazeiro do Norte, que se convirtió en un importante lugar de peregrinación y en la base de su ministerio. Cada noviembre (mes de nacimiento del sacerdote) se produce un repunte de peregrinos devotos que acuden al santuario.

AVISO

El Infiernito

Villa de Leyva • Colombia

Situadas a ocho kilómetros al oeste de la ciudad colonial de Villa de Leyva, las ruinas de El Infiernito son uno de los yacimientos antiguos más singulares de Colombia. Parte de su originalidad radica en sus dos hileras de treinta y seis piedras erguidas con distintas orientaciones solares y astronómicas y las treinta columnas de piedra altas con formas fálicas definidas, que los arqueólogos creen se usaban en rituales de fertilidad. Las investigaciones arqueológicas indican que el yacimiento se utilizó con fines ceremoniales ya en el año 2000 a. C. y que fue un importante lugar sagrado de los indios muiscas entre los años 1000 y 1550 d. C.

Basílica de Nuestra Señora de la Caridad del Cobre

El Cobre • Cuba

Cuba tiene dos principales santuarios de peregrinación, la basílica de Nuestra Señora de la Caridad del Cobre, cerca de Santiago, al este de la isla, y la iglesia de San Lázaro, cerca de La Habana, en el oeste. La muy venerada estatua de la Virgen de la Caridad del Cobre fue descubierta por dos pescadores en el siglo XVII. La basílica actual, terminada en 1926, alberga el preciado icono. Los peregrinos visitan El Cobre todo el año, sobre todo durante la fiesta anual de la Virgen de la Caridad, el 8 de septiembre. En Cuba, esta virgen también es muy apreciada por los seguidores de la santería, una religión sincrética de origen africano occidental y caribeño. La Virgen es sinónimo de *oshun*, el *orisha* de la santería, o santo del amor y el baile.

Basílica de la Virgen del Socavón

Oruro • Bolivia

La basílica de la Virgen del Socavón, en Oruro, Bolivia, alberga una imagen milagrosa de la Virgen María aparecida en 1781. Patrona de todos los mineros, esta recibe el nombre de Virgen del Socavón. Cada febrero, el emocionante Carnaval de Oruro culmina con una gran procesión hasta su santuario. En la colina que domina la ciudad y la basílica hay una estatua de la Virgen del Socavón de 45 metros de altura, 23 más que la estatua de Cristo de Río de Janeiro, Brasil.

Iglesia de la Virgen de la Candelaria

Tlacotalpan • México

En Tlacotalpan, México, encontramos la hermosa iglesia de la Virgen de la Candelaria, que honra la aparición de la Virgen María y recibe peregrinos desde el siglo XVIII. La fiesta anual de la Candelaria, en febrero, atrae a un gran número de peregrinos que disfrutan de una semana de festividades, actuaciones musicales y cientos de puestos de deliciosa comida local. El 2 de febrero, la estatua milagrosa de la Virgen sale en barca por el río Papaloapan.

Santuario de la Cruz de Chalpón

Motupe • Perú

La pequeña localidad de Motupe, en la región peruana de Lambayeque, es famosa por su santuario de la Cruz de Chalpón, situado en una cueva. Dicha cueva, donde antaño vivió un sacerdote ermitaño llamado Padre Juan, alberga una milagrosa cruz de madera descubierta en el monte Chalpón. La venerada cruz es objeto de devoción desde principios del siglo XIX. Todos los años, el 5 de agosto, se celebra una fiesta de peregrinación en la que los devotos llevan la Cruz de Chalpón desde la cueva hasta el pueblo de Motupe. Muchos de los peregrinos que asisten a la fiesta caminan descalzos desde distintas partes de Perú.

Qoyllur Rit'i

Valle de Sinakara • Perú

Qoyllur Rit'i es un festival religioso sincrético que se celebra anualmente en el valle de Sinakara, en la sierra sur de Perú. Dura tres días, se celebra –desde hace miles de años– en mayo o junio para conmemorar la reaparición de la constelación de las Pléyades en el cielo y a ella acuden anualmente más de 100 000 peregrinos. Los actos incluyen procesiones de iconos sagrados y danzas en el santuario del Señor de Quyllurit'i y sus alrededores.

Círculo de piedra de Anundshog

Västerås • Suecia

El círculo de piedra de Anundshog, en Suecia, susurra antiguas historias de tiempos pasados. Este lugar sagrado originario de la Edad de Hierro está formado por grandes piedras erguidas colocadas en una llamativa forma similar a la de un barco. Se cree que está relacionado con el culto al dios nórdico Freyr. De unos 1000 años de antigüedad, este círculo de piedra es lugar de peregrinación y celebración desde su creación. En Anundshog se celebran el solsticio de verano y otras fiestas paganas, lo que pone de relieve su significado mitológico duradero.

Nuestra Señora de la Salette

La Salette • Francia

Ubicado en medio de los Alpes franceses, el santuario de Nuestra Señora de la Salette, Francia, es un lugar de veneración por sus apariciones. En concreto, allí se conmemora la aparición en 1846 de la Virgen María ante dos niños pastores. La edificación religiosa principal, la basílica de Nuestra Señora de la Salette, terminó de construirse en 1864. Las peregrinaciones alcanzan su punto álgido en el aniversario de la aparición de la Virgen, el 19 de septiembre, y la importancia religiosa del lugar sigue inspirando devoción en los creyentes.

Nuestra Señora de Walsingham

Walsingham • Reino Unido

En el corazón de Inglaterra se encuentra el santuario de Nuestra Señora de Walsingham, un importante lugar de peregrinación mariano desde el siglo XI. Destaca la réplica del santuario de la Santa Casa, donde se cree que tuvo lugar la Anunciación. En el momento de su destrucción en 1538, durante el reinado de Enrique VIII, el santuario era uno de los mayores centros religiosos de Inglaterra y de Europa, junto con Glastonbury y Canterbury. Casi cuatrocientos años después, el siglo XX ha sido testigo del regreso de las peregrinaciones a Walsingham.

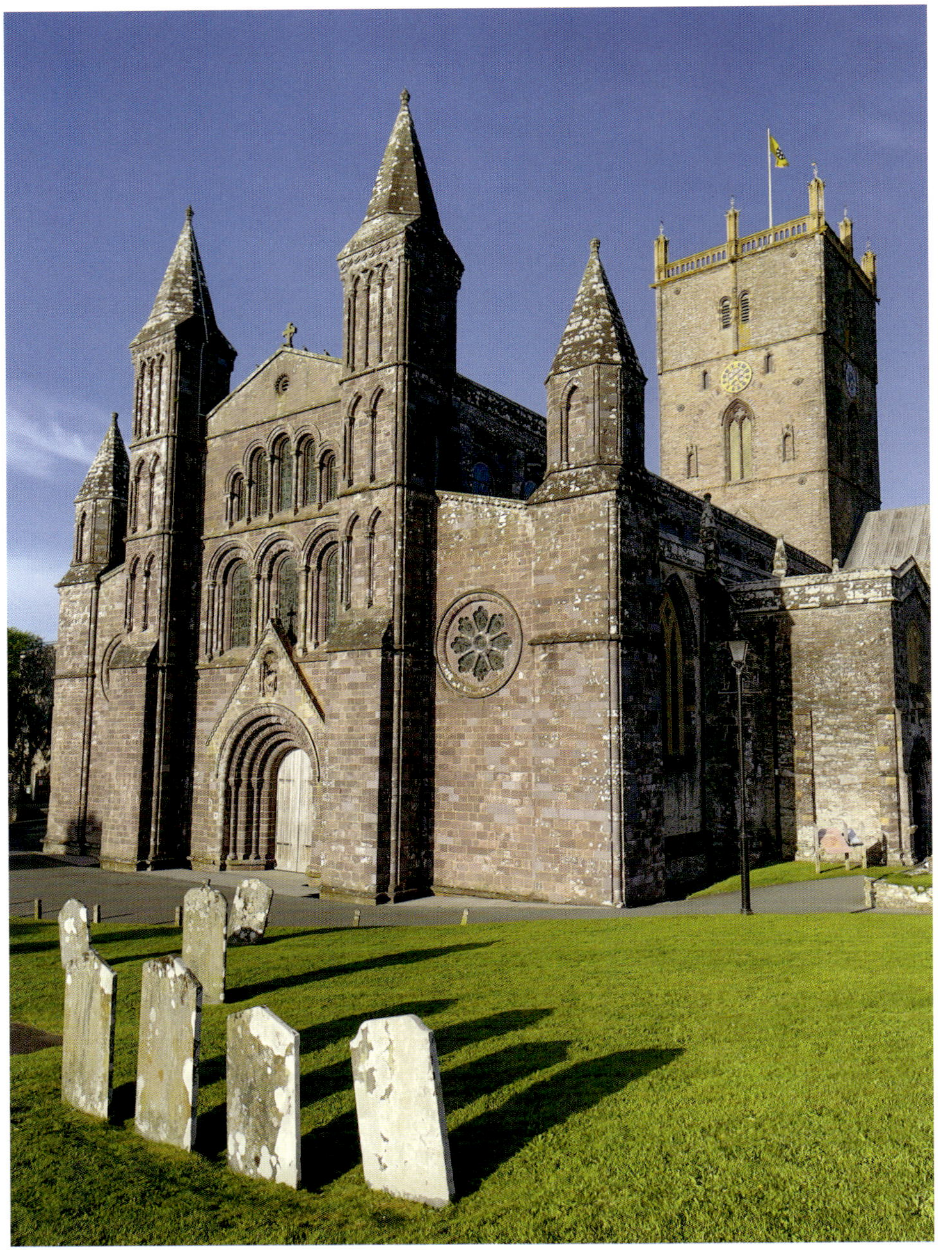

Catedral de San David

Gales • Reino Unido

Al oeste de Gales se alza la catedral de San David, lugar venerado dedicado a su homónimo patrón. Fundada en el siglo VI, la catedral permanece en pie desde el siglo XII, y ha sobrevivido a las invasiones vikingas y al paso del tiempo. Cabe destacar su singular suelo inclinado y su magnífico techo de madera, ambos elementos arquitectónicos dignos de mención. Las peregrinaciones alcanzan su punto álgido el 1 de marzo, día de san David, cuando los visitantes se sumergen en la oración, la reflexión y la riqueza histórica del lugar.

Iglesia de Santa Nonna

Altarnun, Cornualles • Reino Unido

En Altarnun, Cornualles, se alza majestuosa la iglesia de santa Nonna. La iglesia originaria es del siglo XII y fue levantada por los normandos, mientras que la edificación actual data del siglo XV. Esta iglesia de granito está dedicada a santa Nonna, madre de san David, y es famosa por sus 79 bancos de madera, que datan de entre 1510 y 1530, y por albergar una de las mejores pilas bautismales normandas de Cornualles. La pila cuadrada del siglo XII estaba pintada originalmente y aún se conserva algo de pintura en las grandes tallas de rostros barbudos que hay en cada esquina.

Santuario de Nuestra Señora de Altötting

Alemania

El Santuario de Nuestra Señora de Altötting, en Baviera, es uno de los lugares de peregrinación católica más importantes de Alemania. Cuenta con una venerada estatua de la Virgen María sosteniendo al niño Jesús, cuyos poderes curativos atraen a miles de peregrinos. La capilla gótica, que data de 1489, presenta un interior ricamente decorado con una insignia dorada en forma de sol sobre el altar y velas votivas ante la estatua sagrada de la Virgen. Los peregrinos viajan desde toda Alemania y Europa para rezar y dejar ofrendas de flores y notas de petición solicitando la intervención y las bendiciones de la Virgen. Debido a sus numerosas leyendas milagrosas, el santuario de Altötting es conocido como el Lourdes de Alemania.

Iglesia de Maria Alm

Austria

La iglesia de Maria Alm es considerada el lugar de peregrinación más importante de la región austriaca de Pinzgau. Mencionada por primera vez en documentos históricos en 1374, la iglesia fue reconstruida varias veces y se convirtió en parroquia independiente en 1838. Incorpora elementos arquitectónicos barrocos y góticos, con un campanario de 84 metros de altura, y es famosa por su estatua milagrosa de la Virgen María con el niño Jesús en brazos, esculpida en 1636, y sus frescos de 1757.

Santuario de la Madonna del Sasso

Locarno • Suiza

En lo alto de Locarno, en Suiza, el santuario de la Madonna del Sasso es un lugar sagrado de impresionante belleza. Fundado en el siglo XV, debe su nombre a una aparición de la Virgen María al hermano Bartolomeo en 1480. Su edificación principal data de finales del siglo XV, momento en el que comenzaron la peregrinación al santuario. La festividad de la Asunción, el 15 de agosto, marca el periodo principal de peregrinación para quienes acuden en busca de consuelo e inspiración divina.

Iglesia de Santa Rosalía

Monte Pellegrino, Sicilia • Italia

La iglesia de Santa Rosalía, situada en el Monte Pellegrino, en Sicilia (Italia), se construyó en el siglo XVII en honor a la patrona de Palermo. Es famosa por su cueva santuario, donde se cree que santa Rosalía vivió recluida hasta su muerte. Todos los meses de julio se celebra una importante fiesta en honor a la santa, conocida como el festino.

Dolmen Sa Ena e Tomes

Dorgali, Cerdeña • Italia

En Cerdeña, Italia, el enigmático dolmen Sa Ena e Tomes atrae a todo aquel que desea explorar sus antiguas raíces. La importancia del lugar reside en su conexión con la cultura prehistórica nurágica, que se remonta al tercer milenio antes de Cristo. Aunque no se asocia a ninguna deidad en concreto, se cree que sirvió como lugar ceremonial y chamánico. No existen periodos concretos de peregrinación, pero lo cierto es que Sa Ena e Tomes sigue cautivando a los visitantes por su perdurable importancia mitológica y sus orígenes misteriosos.

Monasterio de Pecherska

Kiev • Ucrania

Kiev, Ucrania, alberga el monasterio de Pecherska, un venerado complejo cristiano ortodoxo oriental. Fundado como Monasterio de las Cuevas en 1501, este lugar sagrado es conocido por sus amplias cuevas subterráneas custodiadas por monjes momificados y valiosas reliquias. El monasterio recibe peregrinos desde hace siglos, especialmente durante la celebración de la Santa Dormición en agosto.

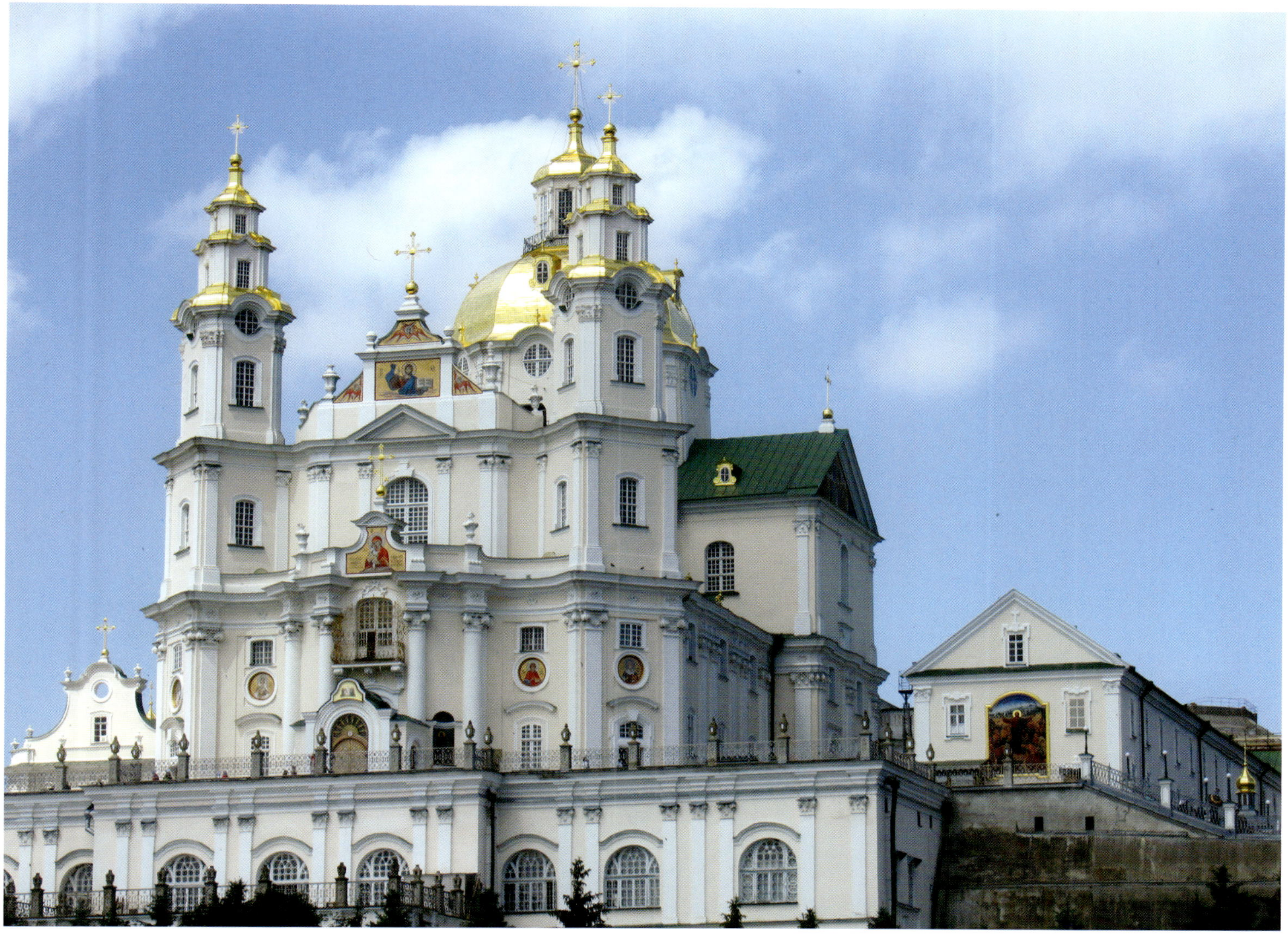

Monasterio dePochayiv

Pochayiv • Ucrania

El primer registro histórico del monasterio ucraniano de Pochayiv data de 1527, y cuenta la leyenda que la Virgen María se apareció a los monjes en forma de columna de fuego, dejando su huella en la roca sobre la que se hallaba. Esta huella es venerada por las propiedades medicinales del agua que mana de ella. En la actualidad, el monasterio es el segundo lugar de peregrinación más importante de Ucrania, después del Monasterio de las Cuevas de Kiev.

Monasterio de Voronet

Voronet • Rumanía

El monasterio de Voronet, situado en mitad del precioso paisaje de Rumanía, recibe a menudo el nombre de Capilla Sixtina de Oriente por sus vibrantes frescos que muestran historias de la tradición cristiana. El monasterio se fundó en 1488 y está consagrado a san Jorge, lo que lo convierte en un importante lugar de culto para los cristianos ortodoxos. Durante las festividades religiosas más importantes, como Semana Santa y Navidad, el monasterio recibe oleadas de visitantes que acuden a participar en la oración comunitaria y celebrar estos acontecimientos significativos.

Tekke de Sari Salltiku

Mali i Krujës • Albania

Fundado en el siglo XIV, el tekke o lugar de enterramiento de Sari Salltiku en Mali i Krujës, es el segundo lugar de peregrinación más importante de Albania, después del monte Tomorr. Un lugar sagrado de la orden bektashí, rama sufí de la religión islámica, está situado en una cueva cerca de la cima de la montaña Sari Salltik. Sari Salltiku fue un venerado maestro sufí del siglo XIII. El santuario y el manantial sagrado reciben peregrinos durante todo el año, aunque la mayoría de ellos se concentra en agosto, con motivo de la festividad del santo.

Tumba de Abu Zamaa Al Balawi

Cairuán • Tunisia

Aproximadamente a un kilómetro al oeste de la Gran Mezquita de Cairuán se encuentra la tumba de Abu Zamaa Al Balawi, compañero o *sahab* del profeta Mahoma. La tumba, llamada *zaouia* o *zawiya*, recibe a veces el nombre de Mezquita del Barbero porque se creía que Abu Zamaa Al Balawi siempre llevaba tres pelos de la barba del profeta Mahoma. Aunque el mausoleo original data del siglo VII d. C., la mayor parte de lo que se conserva hoy se añadió a finales del siglo XVII.

Monte Oldoinyo Lengai

Tanzania

Situado en Tanzania, el monte Oldonyo Lengai, que significa Montaña de Dios, tiene un gran significado para la cultura masái. Este venerado lugar honra al dios masái Ngai, que se cree reside en el cráter del volcán. Con una altitud de 2962 metros, el monte ha sido durante mucho tiempo un lugar de peregrinación para los pastores de Tanzania, en el que rezan por las cosas más esenciales de su mundo: lluvia, ganado e hijos sanos. En uno de los rituales más comunes, los ancianos masái conducen a grupos de mujeres estériles a la base de la montaña, donde rezan a Ngai para que las bendiga con hijos.

Gran Zimbabue

Zimbabue

El Gran Zimbabue es una ruina arqueológica situada en las colinas del sudeste de Zimbabue. La construcción del monumento comenzó en el siglo XI y continuó hasta el siglo XV. Hay varios misterios sobre el Gran Zimbabue que la interpretación arqueológica ortodoxa no logra explicar. Es posible que fuera la capital del reino de Zimbabue durante la Edad de Hierro tardía del país, y sin embargo no hay enterramientos cerca de las ruinas. ¿Cuál sería la finalidad de este enigmático complejo situado en la cima de la colina, por encima de las ruinas primarias, que, según pruebas concluyentes, se utilizaba como observatorio astronómico y lugar ceremonial?

Maqam Sidi Ahmad al-Badawi

Tanta • Egipto

La mezquita de Maqam Sidi Ahmad al-Badawi, situada en Tanta, Egipto, y venerada por musulmanes y cristianos, fue utilizada por primera vez como lugar de peregrinación en el siglo XIII. La principal estructura sagrada del lugar es la *maqam*, o tumba, del sufí marroquí Sidi Ahmad al-Badawi, considerado santo por los numerosos milagros que obró en su vida, entre ellos curar la impotencia y hacer fértiles a las mujeres estériles. La fiesta principal, a la que acuden más de dos millones de peregrinos, se celebra cada año a finales del mes de octubre durante el Moulid Al-Sayyid al-Badawi.

Iglesia copta de Santa María

Zeitoun • Egipto

En Zeitoun, Egipto, se encuentra la iglesia copta de Santa María. Una serie de apariciones milagrosas de la Virgen María a finales de la década de 1960 santificaron este lugar cristiano. Los peregrinos acuden a la zona todo el año, especialmente en agosto, durante la fiesta de la Asunción. La iglesia de Santa María en Zeitoun es testimonio de la importancia mitológica de la Virgen María en el cristianismo.

Tumba de Abdurrahman Gazi Mearligi

Erzurum • Turquía

Abdurrahman Gazi Mezarligi vivió de finales del siglo XII a principios del XIII y fue un famoso noble y un guerrero de gran personalidad y valentía. Tras su muerte en 1329, fue enterrado en la ciudad de Erzurum, en una magnífica tumba que, desde hace siglos, atrae a los peregrinos de toda Turquía y Oriente Próximo.

Santuario de Somunca Baba

Darende • Turquía

El santuario del santo sufí Somunca Baba se encuentra a 80 kilómetros al noroeste de Malatya (Turquía), cerca de la ciudad de Darende. Nacido en el siglo XIV, Somunca Baba se llamaba originalmente jeque Hamid-I Wali. Tras estudiar por todo el mundo islámico, se estableció en Bursa, donde era conocido como el "Padre del Pan" por su caridad. Más tarde se trasladó a Darende y vivió junto a un manantial sagrado donde le visitaban discípulos. A su muerte, en 1412, este lugar se convirtió en su santuario de peregrinación. En 1685 se incorporó a un complejo de mezquita y tumba. El manantial sagrado que emana de los acantilados tiene peces anaranjados y una temperatura fresca constante. En su interior hay reliquias del profeta Mahoma y las tumbas de Somunca Baba y su hijo.

Tumba del rabino Isaac Luria

Safed • Israel

El cementerio de la ciudad de Safed, en Israel, alberga la tumba del rabino Isaac Luria, famoso por sus enseñanzas sobre la cábala, o el misticismo judío. Las peregrinaciones a su tumba se remontan al siglo XVI, aunque hay miles de tumbas más en la colina rocosa. Cada año, cientos de miles de peregrinos israelíes y extranjeros visitan el cementerio. La mayoría viene a rendir homenaje a dos tumbas: la del rabino Isaac Luria (*Ari*, el león) y la del rabino Joseph Caro.

Santuario del Báb

Haifa • Israel

El santuario del Báb es una construcción en las laderas del Monte Carmelo en Haifa, Israel, que alberga la tumba del Báb, el fundador del bahaísmo. Es considerado el segundo lugar más sagrado del planeta para los bahaíes después del santuario de Bahá'u'lláh en Acre, Israel.

Iglesia franciscana de la Transfiguración

Monte Thabor • Israel

Ubicada en la cima del monte Tabor y a nueve kilómetros al este de Nazaret, en Israel, la iglesia franciscana de la Transfiguración conmemora el acontecimiento de la transfiguración de Jesús ante sus discípulos, cuando habló con Moisés y Elías. Lugar de peregrinación desde el siglo IV, tiene un profundo significado para los cristianos. La actual basílica se construyó en la década de 1920 sobre unas ruinas bizantinas y cruzadas, y los peregrinos acuden a ella durante la fiesta de la Transfiguración, en agosto.

MEVS DILECTVS

Iglesia de la Asunción

Jerusalén • Israel

En Jerusalén, a los pies del monte de los Olivos y junto al jardín de Getsemaní, se alza la iglesia de la Asunción, que alberga la cripta del sepulcro de María. Construida hace 800 años, en tiempos de la reina cruzada Melisenda, venera la Dormición de la Virgen María, cuando cayó en el sueño eterno, y su Asunción a los cielos. Lugar sagrado popular todo el año, la iglesia atrae a un gran número de peregrinos durante la festividad de la Dormición, el 15 de agosto.

Mausoleo de Hasan al-Basri

Basora • Irak

El mausoleo de Hasan al-Basri, en el centro de Basora, Irak, alberga la tumba del venerado erudito islámico y místico sufí del siglo VIII, conocido por sus conocimientos y su piedad. Murió en 728 y su adornado mausoleo, con una gran cúpula de tejas turquesas, se construyó 500 años después. La tumba de Hasan al-Basri está rodeada de intrincados arcos y caligrafía. Ampliado a lo largo de los siglos, el santuario recibe a peregrinos musulmanes que vienen a presentar sus respetos ante la sepultura de este importante santo de la antigüedad.

Mausoleos del imán Ali al-Hadi y del imán Hasan al-Askari

Samarra • Irak

Este enorme mausoleo de Samarra, Irak, alberga las tumbas del imán Ali al-Hadi, décimo imán del islam chií, y del imán Hasan al-Askari, undécimo imán. Es uno de los lugares de peregrinación chiítas más importantes y atrae a millones de visitantes cada año.

الحسين الشهيد
علي زين العابدين
محمد الباقر
جعفر الصادق
موسى الكاظم

Mausoleo del séptimo imán Musa al-Kadhim y del noveno imán Muhammad al-Jawad

Kadhimiya, Bagdad • Irak

Este mausoleo situado en el distrito de Kadhimiya, en Bagda, Irak, alberga las tumbas de los venerados séptimo y noveno imanes chiíes, Musa al-Kadhim y Muhammad al-Jawad. Construido en 1515 (aunque fue lugar de peregrinación durante muchos siglos), el elaborado mausoleo presenta una cúpula dorada y una intrincada ornamentación. Su ubicación en el barrio chií de Kadhimiya atrae cada año a cientos de miles de peregrinos, sobre todo en los días sagrados, para rezar y llorar ante las tumbas de los descendientes del profeta Mahoma.

Mausoleo de al-Sharif al-Radhi

Kadhimiya, Bagdad • Irak

El mausoleo de al-Sharif al-Radhi, del siglo XVI, situado en el distrito de Kadhimiya, en Bagdad (Irak), alberga la tumba adornada con azulejos iraníes de este ilustre erudito y poeta chií del siglo X, visir abasí famoso por su mecenazgo de la poesía y las artes, así como por sus conocimientos religiosos. Este importante lugar de peregrinación chií que honra el legado del venerado descendiente de Musa al-Kadhim cuenta con un complejo que incluye una mezquita y una biblioteca.

Mausoleo de Abdul Qadir Gilani

Bagdad • Irak

Bagdad, Irak, alberga el mausoleo de Abdul Qadir Gilani. Este venerado lugar de peregrinaje desde el siglo XII rinde homenaje a la vida y enseñanzas del influyente santo sufí. El edificio sagrado principal, un conjunto compuesto de mezquita y tumba, se construyó cuando el santo vivía. Los peregrinos acuden todo el año, sobre todo durante el *Urs* (aniversario de la muerte) de Abdul Qadir Gilani.

Mausoleo de Alqasim

Babilonia • Irak

El Mausoleo de Alqasim es una antigua tumba situada en la histórica ciudad de Babilonia, Irak. Construido en el siglo IX d. C., alberga los restos de Alqasim Ibn Ubayd Allah, que gobernó el califato abbasí de 842 a 857 d. C. El mausoleo es de ladrillo cocido y presenta elaborados motivos geométricos y caligrafía árabe que decoran su fachada exterior. En su interior, el sarcófago de Alqasim descansa bajo un ornamentado techo abovedado. El mausoleo es un excelente ejemplo de la arquitectura islámica primitiva, que combina elementos estilísticos de las antiguas tradiciones babilónica, persa y centroasiática. Aunque maltratado por siglos de guerra y abandono, el mausoleo de Alqasim sigue siendo un imponente monumento al rico patrimonio cultural iraquí.

Santuarios de Muslim ibn Aqeel y Hani ibn Urwa

Kufa • Irak

Los santuarios de Muslim ibn Aqeel y Hani ibn Urwa son dos lugares sagrados históricos de Kufa (Irak). Muslim ibn Aqeel fue un destacado partidario del imán Husayn, asesinado en Kufa en 680 d. C., y una figura clave en los acontecimientos que condujeron a la trágica batalla de Karbala. Hani ibn Urwa ofreció refugio a Muslim en su casa, pero ambos fueron finalmente ejecutados por las fuerzas del gobernante omeya Yazid I. Siglos más tarde, se construyeron santuarios sobre sus lugares de enterramiento tradicionales para honrar a estos mártires de los primeros tiempos del Islam chií, aunque los peregrinos han viajado a este destino sagrado desde el siglo VII. El mes islámico de Muharram siempre es testigo de un aumento de su número. Los santuarios presentan cúpulas y minaretes dorados con interiores intrincadamente decorados. A pesar de los daños causados por las guerras y los ataques extremistas, siguen siendo importantes lugares de peregrinación para los musulmanes chiíes. Los dos santuarios son símbolos perdurables de sacrificio y resistencia en el histórico distrito Maidan de Kufa.

Mausoleo del imán Husayn

Karbala • Irak

El mausoleo del imán Husayn de Kerbala, en Irak, con su cúpula dorada, es un santuario chií del siglo XIX que alberga la tumba de Husayn ibn Ali, nieto del profeta Mahoma y venerado tercer imán martirizado en la batalla de Kerbala en 680. A pesar de los daños causados por los bombardeos, este lugar de peregrinación vital atrae a millones de peregrinos chiíes cada año, especialmente durante las conmemoraciones de Ashura.

Mausoleo de Abbas

Karbala • Irak

El mausoleo de Abbas, en Kerbala, Irak, custodia la tumba de Abbas ibn Ali, venerado mártir chií y hermanastro del imán Husayn, asesinado en la batalla de Kerbala en 680. Los chiíes honran a Abbas por haber sacrificado su vida para salvar a Husayn. Construido en el siglo XII, el actual mausoleo, profusamente adornado y con una cúpula dorada, data de la dinastía safávida del siglo XVIII. Millones de peregrinos acuden anualmente a él, sobre todo durante la Ashura, para presentar sus respetos a la tumba de Abbas en una de las ciudades más sagradas del islam chiíta.

Santuario del zoroastrismo

Chak Chak • Irán

Chak Chak, situado cerca de Ardakan, en Irán central, es el santuario de montaña más sagrado del zoroastrismo. Todos los años, del 14 al 18 de junio, miles de zoroastrianos de Irán, India y otros países acuden en masa al templo de fuego de Pir-e-Sabz. Según la tradición, los peregrinos deben bajar de sus monturas cuando divisan el templo y completar el último tramo de su viaje a pie.

Santuario del santo sufí Shah Nur-ed-Din Nematollah Vali

Mahan • Irán

Situada en el centro sur de Irán, la pequeña ciudad de Mahan alberga el bellísimo santuario de peregrinación del santo sufí Shah Nur-ed-Din Nematollah Vali (1331-1431). Nematollahi viajó mucho por el mundo islámico, estudiando con diferentes eruditos y sabios antes de establecerse en Mahan en 1406 y fundar allí una secta sufí. La pequeña sala donde Nematollah Vali rezaba y meditaba está decorada con hermosos azulejos y transmite una maravillosa sensación de paz.

Imamzade Shah-e' Abdal-Azim

Rey • Irán

Al sureste de Teherán, un poco más allá de la vasta expansión urbana de esta ciudad, se encuentra la antigua ciudad de Rey y su santuario de peregrinación de Shah-e' Abdal-Azim. Las pruebas arqueológicas indican que la ciudad fue importante durante los periodos aqueménida (559-330 a.C.) y sasánida (224-637 d.C.). Rey fue ocupada por los musulmanes en el año 635 d. C., fue capital regional en los siglos XI y XII y, más tarde, saqueada por los mongoles en el siglo XIII. En el gran complejo del santuario están enterrados el erudito religioso Shah Abdul Azim (786-865 d.C.), descendiente del imán Hussein; Hamzeh, hermano del imán Reza; Hussain, bisnieto del segundo imán Hassan, y Taher, descendiente del cuarto imán.

Mezquita de Jam Karan

Irán

A seis kilómetros al este de la ciudad de Qum se alza la magnífica mezquita de Jam Karan. En el año 986 d.C., un devoto musulmán llamado Hassan ibn Muthlih tuvo una experiencia mística en la que se le aparecieron el Imam al-Mahdi (el Imam de las Eras e hijo del undécimo Imam, al-Hasan al-Askari) y el profeta Jizr (el «Sabio Verde») y le ordenaron que organizara la construcción de una mezquita en la tierra sagrada de Jam Karan. La mezquita fue construida por el jeque Afif Saleh Hassan ibn Mosleh Jamkarani en 1006 y desde entonces ha atraído a gran número de peregrinos.

Mausoleo de Mir Movsum Aga

Bakú • Azerbaiyán

Importante lugar espiritual cerca de Bakú, en Azerbaiyán, el mausoleo de Mir Movsum Aga está dedicado a la memoria de esta venerada figura sagrada del siglo VIII. La edificación actual, construida en el siglo XVII, es una notable ilustración de la arquitectura islámica que muestra los intrincados diseños y el arte de la época. Especialmente durante el Nouruz, el Año Nuevo persa, muchos fieles visitan el mausoleo bajo la creencia de que es cuando Mir Movsum Aga concede sus milagros.

Templo de Garni

Armenia

El Templo de Garni es una emblemática estructura grecorromana situada en Garni, Armenia. Construido en el siglo I, este antiguo templo pagano es el edificio helenístico mejor conservado de Armenia. Situado junto al desfiladero del río Azat, su arquitectura refleja la artesanía armenia aplicada a los estilos clásicos. El templo tiene pórticos ornamentados de 24 columnas, tallas de dioses y diosas, y un antiguo altar de fuego para sacrificios. Aunque es pagano, se ha convertido en un símbolo espiritual armenio a lo largo de los siglos.

Sulaiman Too

Osh • Kirguistán

Sulaiman Too, una montaña sagrada en la ciudad de Osh, en Kirguistán, ha sido venerada durante miles de años. Su principal edificación, una mezquita, se construyó en el siglo XVI. Peregrinos de diversas tradiciones religiosas, incluidos el islam y creencias preislámicas, visitan el lugar durante todo el año. Su importancia mitológica se debe a la creencia de que Sulaiman Too posee propiedades curativas divinas, lo que atrae a visitantes en busca de sanación física y espiritual.

Mausoleo de Ismamut Ata

Gorogly, Dashoguz • Turkmenistán

El mausoleo de Ismamut Ata en Gorogly Dashoguz, Turkmenistán, es un venerado lugar de peregrinación originario del siglo XI. Los peregrinos acuden a él durante todo el año, especialmente durante las festividades islámicas. La importancia del mausoleo tiene su origen en Ismamut Ata, un respetado líder espiritual sufí que guiaba a sus seguidores en su místico viaje.

Ak Ishan

Ak Ishan • Turkmenistán

Ak Ishan, en Turkmenistán, es un importante lugar de peregrinación sufí dedicado a Ak Ishan Baba, un venerado santo y sanador sufí del siglo XIX. Los peregrinos lo visitan durante todo el año, sobre todo durante el festival religioso de Noruz, que coincide con el equinoccio de primavera.

Santuario de Baha al-Din al-Naqshband

Bujará • Uzbekistán

Bujará, en Uzbekistán, alberga el venerado santuario de Baha al-Din al-Naqshband. Fundado en el siglo XVI, rinde homenaje al fundador de la influyente orden sufí Naqshband, Baha al-Din al-Naqshband. Los peregrinos veneran este lugar sagrado desde hace siglos y lo visitan todo el año, especialmente durante las festividades islámicas. La importancia mitológica del santuario radica en las enseñanzas de Baha al-Din al-Naqshband, que recalcan la importancia de la introspección espiritual y de la devoción a Dios.

Mausoleo de Khoja Ahmad Yasavi

Turquestán • Kazajistán

El mausoleo de Khoja Ahmad Yasavi es un edificio inacabado situado en la ciudad de Turquestán, en el sur de Kazajistán. Tamerlán, que gobernó la zona como parte del extenso Imperio timúrida, encargó la construcción de esta edificación en 1389 para reemplazar un mausoleo más pequeño del siglo XII del famoso poeta turco y místico sufí Khoja Ahmad Yasavi (1093-1166). A este lugar vienen peregrinos de toda Asia Central.

Mezquita Azul

Mazari Sharif • Afganistán

La Mezquita Azul de Mazari Sharif, en Afganistán, es un importante lugar sagrado islámico dedicado al primo del profeta Mahoma, Ali ibn Abi Talib. Construida a finales del siglo XV, es famosa por sus intrincados mosaicos azules. Desde hace siglos, peregrinos de toda Asia Central acuden a esta Mezquita Azul, siendo el periodo de peregrinación más importante el mes islámico de Muharram.

Mausoleo de Shah Rukn-e-Alam

Multan • Pakistán

En Multan, Pakistán, el mausoleo de Shah Rukn-e-Alam es un impresionante ejemplo de arquitectura sufí. Dedicado al santo sufí del siglo XIV Shah Rukn-e-Alam, el mausoleo se construyó en el siglo XIV y es un lugar de peregrinación importante desde su creación. Los peregrinos lo visitan sobre todo durante el *Urs* del santo, el aniversario de su muerte.

Mausoleo de Hazrat Bahauddin Zakariya

Multan • Pakistán

El Mausoleo de Hazrat Bahauddin Zakariya es una tumba ornamentada del siglo XIV situada en Multan (Pakistán), en honor del eminente santo sufí y líder espiritual. A través de sus enseñanzas místicas, Zakariya desempeñó un papel fundamental en la difusión del Islam en el sur de Asia durante el siglo XIII. En la actualidad, este complejo de santuarios intrincadamente decorados, con su característica cúpula turquesa, atrae a miles de devotos, especialmente durante el festival anual de Urs, que conmemora el aniversario de la muerte de este influyente santo sufí. La belleza arquitectónica de la tumba y su perdurable atractivo espiritual reflejan el elevado estatus de Hazrat Bahauddin Zakariya como uno de los santos sufíes más venerados del sur de Asia.

Sri Swayambhu Varasidhi Vinayaka Swamy Devastanam

Kanipakam, Andhra Pradesh • India

Sri Swayambhu Varasidhi Vinayaka Swamy Devastanam, situado en Kanipakam, Andhra Pradesh, India, es un antiguo templo dedicado a Ganesh, el dios hindú de la sabiduría y de la prosperidad. Fundado en el siglo XI, la impresionante arquitectura del templo y su ídolo automanifestado hacen de este templo un importante lugar de peregrinación. El festival anual Ganesh Chaturthi atrae a multitud de devotos que buscan las bendiciones de la deidad para el éxito, la sabiduría y la eliminación de obstáculos, creando una atmósfera llena de energía vibrante y devoción.

Templo Veerabhadra Swamy

Lepakshi, Andhra Pradesh • India

El templo Veerabhadra Swamy, situado en la histórica ciudad de Lepakshi, Andhra Pradesh (India) está dedicado a la poderosa manifestación del dios Shiva como Virabhadra. Construido durante el periodo Vijayanagara, en el siglo XVI, el templo es famoso por sus intrincadas tallas, sus altos pilares y su esplendor arquitectónico. Maha Shivaratri es el principal periodo de peregrinación, cuando decenas de miles de devotos acuden al templo para sumergirse en la potente energía espiritual y rendir homenaje a Virabhadra.

Templo Sivadol

Shivasagar, Assam • India

Situada al este de Assam, India, Shivasagar es famosa por sus tres templos hindúes: Shivadol, Visnudol y Devidol, construidos a principios del siglo XVIII sobre templos mucho más antiguos. Shivadol, uno de los templos de Shiva más altos de la India, mide 32 metros. En su interior hay un *lingam* de Shiva con una forma única. A diferencia de casi todos los demás *lingams* de Shiva de la India, que sobresalen del suelo, el *lingam* natural de Shivadol está invertido en el suelo. Cientos de miles de peregrinos visitan cada año el templo, especialmente durante las festividades de Maha Shivaratri, Hare Krishna Kirtan, Durga Puja, Dol Purnima y Rath Yatra.

Surya Pahar

Assam • India

Surya Pahar, situado cerca del río Brahmaputra en Assam, India, fue un importante lugar de peregrinación hindú, budista y jainista desde el siglo I a. C. hasta su declive en el siglo XIII de nuestra era. En el siglo I a. C., los budistas hinayana empezaron a tallar símbolos religiosos en la ladera de granito. En el siglo IX, hinduistas y jainistas añadieron templos, como el de Panchayatana, parcialmente excavado y dedicado a Surya, el dios del Sol. Cientos de *lingam* de Shiva aparecen tallados por toda la colina sagrada, reflejando su importancia para los hindúes. Tras perder popularidad, se reactivaron levemente las peregrinaciones en un templo de Surya del siglo XX. Unas excavaciones realizadas en la década de 2000 sacaron a la luz objetos que confirman la importancia espiritual de Surya Pahar, con sus imágenes talladas y sus ruinas, desde la antigüedad hasta el periodo medieval.

Tilinga Mandir

Bordubi, Assam • India

Situado en Bordubi, Assam (India), Tilinga Mandir es un templo único dedicado a Shiva. En la década de 1960, el templo se convirtió en un lugar de peregrinación después de que un granjero soñara con una presencia divina bajo un árbol. La característica más llamativa del templo son las innumerables campanas que los devotos cuelgan como ofrenda para que se cumplan sus deseos. El periodo de peregrinación más importante es el mes de Shravan, mes en que el templo es testigo de una gran afluencia de devotos.

Mandar Hill

Bihar • India

Mandar Hill es una colina de granito pequeña, aunque sagrada, de unos 213 metros de altura situada en el distrito indio de Banka, en Bihar. En la tradición hindú, es venerada por su relación con el Samudra Manthan, la leyenda de la agitación del océano por dioses y demonios en la que la colina sirvió de vara de agitación. Debido a este significado mítico, la colina alberga templos hindúes como el de Someshwar Mahadev, con su *lingam* Kapilash de Shiva. Salpicada de depósitos de agua sagrados y santuarios de otras deidades, Mandar Hill atrae a miles de peregrinos que celebran rituales religiosos durante los principales festivales. Sus vistas panorámicas y el aura espiritual de la mitología hindú han hecho de Mandar Hill un lugar de peregrinación clave en Bihar.

Templo Mundeshwari Devi

Bihar • India

El templo de Mundeshwari Devi es un antiguo santuario hindú situado en Bihar, India. Se cree que se construyó entre 625 y 850 en el estilo arquitectónico Nagara. Dedicado a la diosa Mundeshwari Devi, una encarnación de Kali, su santuario interior alberga su imagen de cuatro brazos y un *lingam* de Shiva. Inscripciones en escritura brahmi proporcionan detalles históricos sobre su construcción, realizada bajo el patrocinio de gobernantes de las dinastías Shahi, Kushan y Gupta entre los siglos VI y VIII. El complejo del templo también alberga las ruinas de varios santuarios auxiliares. Como uno de los templos hindúes intactos más antiguos del este de la India, el templo de Mundeshwari Devi tiene una inmensa importancia arqueológica y religiosa.

মা

Templo Maa Bamleshwari

Chhattisgarh • India

El templo Maa Bamleshwari, en el estado indio de Chhattisgarh, está dedicado a la diosa Bamleshwari, una encarnación de Durga, y es también uno de los famosos santuarios Shakti Pitha. Aunque sus orígenes pueden remontarse al siglo VII, el templo actual, de estilo medieval, se construyó en el siglo XVIII. El santuario interior custodia el ídolo de piedra de Bamleshwari, de 18 brazos, montada sobre un tigre. El complejo también tiene santuarios de otras deidades. Es el templo más famoso de Chhattisgarh, recibió el patrocinio histórico de los gobernantes regionales y sigue atrayendo a millones de peregrinos hindúes cada año, sobre todo durante los festivales de Dussehra y Navaratri, a finales de septiembre y octubre.

Templo Chamunda Devi

Himachal Pradesh • India

Enclavado en lo alto de una colina con vistas a los ríos Banganga y Manjhi, cerca de Dharamshala (Himachal Pradesh, India), el templo Chamunda Devi está dedicado a la diosa hindú Chamunda, una feroz encarnación de Durga. Se cree que se construyó en torno al siglo X, aunque su estructura actual data del XVII. El templo presenta tallas de piedra ornamentadas, pináculos y una cúpula sobre el santuario interior que alberga la estatua de la diosa. El complejo también contiene santuarios a Shiva, Hanuman y Narsingh. Como lugar de peregrinación de Shakti, es muy popular y atrae a miles de devotos cada año, especialmente durante las celebraciones de Navaratri.

Templo de Renuka

Himachal Pradesh • India

El templo de Renuka, construido en 1814 a orillas de un sereno lago de montaña, se encuentra en Himachal Pradesh, India. Cuenta la leyenda que, en la antigüedad, el sabio Jamadagni y su esposa Renuka, una encarnación de la diosa Durga, solían meditar y rezar en una colina con vistas al lago. Como fruto de su devoción, tuvieron un hijo al que llamaron Parashúrama, considerado una encarnación del dios Vishnu. Se dice que Pashúrama deseaba pasar su vida a los pies de su madre y es por esta razón que madre e hijo se reúnen todos los años en la feria anual de Renuka. Los peregrinos visitan el templo desde el siglo XVIII para adorar a la diosa y pedir su bendición.

शिव मन्दिर
मन्दिर माता रेणुका जी

Templo de Baba Garib Nath

Himachal Pradesh • India

Situado en Himachal Pradesh, India, el templo de Baba Garib Nath está dedicado al sabio hindú Baba Garib Nath. Este santuario es un lugar de peregrinación desde el siglo XVII. Su principal edificación sagrada atrae a devotos todo el año, especialmente durante el animado mes de Sawan. Se cree que el templo concede los deseos de las parejas sin hijos y posee una importancia mitológica como residencia del sabio, a quien se le atribuyen poderes divinos.

Templo de Mahaganapati

Gokarna, Karnataka • India

El templo de Mahaganapati de Gokarna (Karnataka), en el mar Arábigo, comenzó a recibir peregrinos en el siglo IV. El templo alberga una estatua del dios hindú Ganesh, considerado el removedor de obstáculos y el señor de los nuevos comienzos. Los principales periodos de peregrinación son los festivales anuales de Chaturthi y Shivaratri. El lugar tiene una importancia mitológica, ya que se cree que el dios Ganesha nació en esta región y que el templo se construyó para conmemorar su lugar de nacimiento. A cien metros se encuentra el también importante templo de Shiva de Mahabaleswar.

Templo de Tala Kaveri

Karnataka • India

El templo de Tala Kaveri, en Karnataka, India, es un lugar sagrado ubicado en el nacimiento del venerado río Kaveri. Dedicado a la diosa de este río, se cree que el conjunto del templo tiene más de 2000 años de antigüedad. Durante el festival Tula Sankramana, miles de devotos acuden a este lugar para presenciar cómo brota repentinamente el agua de la fuente sagrada y para pedir su bendición de prosperidad y bienestar.

Templo de Mahaganapathi

Madhur, Kerala • India

El templo de Mahaganapathi es un importante templo hindú del siglo XVI situado en medio de una frondosa vegetación a orillas del río Madhura Puzha, en Kerala, India. Aunque las leyendas remontan sus orígenes a una época muy anterior, el templo se construyó en el siglo XVI y se considera uno de los santuarios de Ganesh más venerados de Kerala. La deidad que lo preside es una enorme escultura de granito de Ganesh sentado de 4 metros, conocida como «Mahaganapathi Moorthi». La encontramos en el santuario interior de este impresionante complejo de templos de estilo Kerala que se extiende a lo largo de 2,5 hectáreas amuralladas. Aquí se celebran rituales oficiados por sacerdotes diariamente y sus principales festivales atraen a grandes multitudes de peregrinos hindúes en busca de bendiciones. Esto ocurre especialmente durante las celebraciones anuales del Mahotsav, de 10 días de duración, que tienen lugar en diciembre.

Templo de Guruvayur Krishna

Kerala • India

Uno de los templos hindúes más sagrados dedicados a Krishna es el de Guruvayur Krishna, en Kerala, India. Se cree que tiene más de 5000 años, sus leyendas se remontan al siglo XVI y su deidad principal es Krishna, un ídolo de piedra negra con cuatro brazos. Millones de personas acuden a Guruvayur, considerado el Dwarka del Sur, para ofrecer oraciones, flores y aceites, y realizar rituales en santuarios elaboradamente tallados, como el famoso Guruvayurappan Chittambalam, donde Krishna duerme cada noche. El templo acoge espectaculares procesiones de la deidad montada en elefantes durante festivales como Janmashtami, que atraen a enormes multitudes.

Templo de Sabarimala

Kerala • India

En el estado indio de Kerala, los primeros dravidianos adoraban a Ayappa, un joven dios del bosque nacido de la unión de Shiva y Vishnu. Las leyendas cuentan que Shiva tuvo una relación íntima con Mohini, la encarnación femenina de Vishnu, de la que nació Ayappa, un avatar (encarnación) enviado a luchar contra los demonios de las tribus de las colinas. Criado por un rey sin hijos, Ayappa obró milagros y curó a la gente antes de desaparecer en el templo de Sabarimala, en las selvas montañosas. Durante mil años, los místicos afirmaron ver a Ayappa montado sobre tigres en los frondosos bosques que rodean Sabarimala. A pesar de su remoto emplazamiento, el santuario atrae a millones de devotos, que se someten a 41 días de austeridad antes de atravesar las montañas para ver brevemente a la deidad. Sin embargo, para respetar el celibato de Ayappa, no se permite la entrada a mujeres de entre 6 y 60 años.

Templo Khandoba Marthanda Bhairava

Jejuri, Maharashtra • India

El templo Khandoba Marthanda Bhairava de Jejuri, Maharashtra, India, es un importante santuario hindú dedicado a la feroz deidad Khandoba, venerada como una forma de Shiva. Situado en lo alto de una empinada colina, el complejo del templo tiene una arquitectura impresionante, puertas talladas e imágenes de Khandoba montado a caballo. El santuario interior del templo alberga la estatua de Marthanda Bhairava de Khandoba. Miles de devotos lo visitan durante los grandes festivales, cuando la estatua de Khandoba sale en una gran procesión. Especialmente los fines de semana, la colina resuena con el canto de *Shri Khandoba Jai Malhari*. La gente también busca bendiciones ofreciendo cocos, joyas y grandes cantidades de cúrcuma en el templo.

Templo Tulja Bhavani

Tuljapur, Maharashtra • India

El templo Tulja Bhavani de Tuljapur, Maharashtra, India, es uno de los 51 Shakti Pithas dedicados a la diosa hindú Tulja Bhavani, una forma local de Durga. Sus orígenes se remontan al siglo XII, y se dice que la diosa Tulja Bhavani se manifiesta aquí como una imagen *swayambhu* (formada de forma natural) que sostiene armas y ornamentos. Los rituales diarios consisten en adornar la estatua de la diosa con ropajes de seda y decoraciones florales elaboradas. El ambiente se anima durante festivales como el Chaitra Pournimaa, cuando sacan a la estatua en procesión. El templo atrae asimismo a miles de peregrinos en busca de bendiciones y ha recibido el patrocinio real de generaciones de gobernantes.

Ramkund

Nashik, Maharashtra • India

El lugar sagrado de Ramkund, en Nashik, Maharashtra (India) es testigo de un importante ritual de inmersión a orillas del sagrado río Godavari. Muy relacionado con la epopeya hindú Ramayana, se cree que el dios Rama se bañó en estas aguas durante su exilio de 14 años. Cada 12 años se celebra la famosa peregrinación Kumbh Mela, que atrae a millones de devotos en busca de limpieza espiritual y bendición divina. La atmósfera que rodea el lugar lo convierte en un sitio ideal para la meditación y la reflexión.

Gran Estupa

Sanchi, Madhya Pradesh • India

Sanchi, una pequeña ciudad en el estado (*pradesh*) de Madhya, cuenta con unos cincuenta monumentos budistas que datan del siglo III a. C. al siglo XII d. C. La Gran Estupa actual (de 17 metros de altura) no es la original, sino que está construida sobre una estupa anterior. Contrariamente a la creencia popular, la Gran Estupa no tiene reliquias de Buda, sino de sus discípulos, Sarriputa y Mahamogallena.

Templo inclinado de Huma

Odisha • India

El templo inclinado de Huma, en Odisha, India, está dedicado a la deidad hindú Shiva y es conocido por su precaria estructura inclinada, muy parecida a la Torre de Pisa. Construido a principios del siglo XVI durante el dominio de Barga, el templo se ha inclinado unos 14 metros desde su posición original debido al suelo arenoso de las orillas del río Mahanadi. El templo sigue la arquitectura clásica de Odisha, con un *lingam* de Shiva consagrado en el santuario principal. A pesar de estar inclinado, el templo nunca se ha derrumbado y permanece completamente intacto, lo que aumenta su encanto e intriga. Aunque existen factores técnicos como el suelo arenoso que hacen que se incline, las leyendas locales lo atribuyen a la voluntad de Shiva. El milagroso templo inclinado sigue en pie como santuario emblemático de Shiva.

Templo Siddha Jagannath

Odisha • India

El templo de Siddha Jagannath es un importante santuario hindú situado a unos 2 kilómetros del famoso templo de Jagannath, en Puri, Odisha, India. Construido, al igual que el templo de Jagannath, en torno al siglo XII, se le conoce como la morada «perfecta y completa» de Jagannath, un avatar (encarnación) de Vishnu. La arquitectura del templo muestra el estilo Kalinga, con una *vimana* de 23 metros de altura que se eleva sobre el santuario interior. El templo sigue los rituales establecidos por Adi Shankaracharya y celebra festivales importantes como el Ratha Yatra. El templo Siddha Jagannath es la contraparte integral del santuario principal de Jagannath, y representa la culminación perfecta de la morada del Señor en la ciudad sagrada de Puri.

Templo Maa Tara Tarini

Purusottampur, Odisha • India

El templo Maa Tara Tarini, situado en Purusottampur, Odisha (India) es un venerado lugar de peregrinación dedicado al culto de las diosas Shakti, Tara y Tarini. Este antiguo templo, cuyos orígenes se remontan al siglo VI, sirve de centro para los devotos que buscan la protección y la bendición de las diosas. El festival de Chaitra Parva atrae a miles de peregrinos que participan en elaborados rituales, con la esperanza de absorber la poderosa energía que emana de este santuario espiritual.

Willong Khullen

Manipur • India

El magnífico conjunto de menhires de Willong Khullen, situado en las montañas del norte de Manipur, es uno de los lugares sagrados más misteriosos y desconocidos del mundo. Hay unas 150 piedras verticales, de las que muchas miden hasta 7 metros de altura, y no se sabe absolutamente nada de ellas. De dónde proceden las piedras, quién las talló, cómo se transportaron hasta aquí, cómo se utilizaron y cuándo se construyó este lugar sigue siendo un misterio aún sin resolver.

Templo Kapil Muni

Bengala Occidental • India

El templo Kapil Muni es un antiguo santuario hindú situado en la isla de Sagar, en Bengala Occidental, India. Dedicado al venerado sabio Kapil Muni, de quien se dice que vivió y meditó aquí, el complejo del templo se sitúa cerca de la confluencia del Ganges y la bahía de Bengala, y contiene diversos santuarios y monasterios. El templo principal está construido en estilo arquitectónico bengalí y alberga un ídolo de Kapil Muni sentado en postura de meditación. Cuenta la leyenda que los 60 000 hijos del rey Sagar fueron reducidos a cenizas aquí por la mirada furiosa de Kapil Muni. Todos los años, los días 14 y 15 de enero, cientos de miles de peregrinos hindúes se reúnen para darse un baño sagrado durante el Gangasagar Mela de Makar Sankranti.

Templo Shiva Nataraja

Chidambaram, Tamil Nadu • India

Chidambaram, en Tamil Nadu, India, alberga el célebre templo Shiva Natraj dedicado a Shiva, y famoso por representar la danza cósmica de Shiva, el *nataraja*. Con orígenes que se remontan al siglo X, el templo sigue siendo un importante lugar de peregrinación, cuya afluencia aumenta durante los festivales anuales de Margazhi y Aani Thirumanjanam. La esencia mitológica del templo reside en la danza de Shiva, que representa la creación, la preservación y la destrucción.

Templo Arulmigu Patteswar Swamy

Coimbatore, Tamil Nadu • India

El templo Arulmigu Patteswar Swamy, situado en Coimbatore, Tamil Nadu, es un importante lugar espiritual dedicado a Shiva y su consorte Parvati. Construido en el siglo IX por la dinastía Chola, este templo es famoso por su magnificencia arquitectónica, sus complejas tallas y sus amplios patios. El festival anual Maha Shivaratri lo llena de multitud de devotos.

Templo de Saranatha Perumal Vishnu

Tirucherai, Tamil Nadu • India

El cautivador templo de Saranath Perumal Visnú, situado en Tirucherai, Tamil Nadu (India), es un importante lugar de peregrinación para el culto del dios hindú Visnú. Con una rica historia que se remonta a más de mil años, el *Rajagopuram* del templo, de cinco niveles, es una maravilla arquitectónica. Durante el principal periodo de peregrinación, Vaikunta Ekadashi, los devotos se agolpan en el templo para presentar sus respetos, buscar la intervención divina y sumergirse en la poderosa atmósfera espiritual.

Templo Sri Jogulamba Ammavari

Alampur, Telangana • India

El templo Sri Jogulamba Ammavari, situado en Alampur, Telangana, India, es un importante *Shakti Pitha* dedicado a la feroz diosa Jogulamba. Con más de un milenio de historia, el templo es venerado como uno de los 18 *Maha Shakti Pitha* y representa una potente fuente de energía divina. En ocasiones especiales, como la celebración Navratri, el templo cobra vida con una ferviente devoción, ya que multitud de fieles acuden en busca de bendición de la diosa para obtener protección, sabiduría y abundancia en sus vidas.

Templo de Gorakhnath

Gorakhpur, Uttar Pradesh • India

Gorakhpur, en Uttar Pradesh (India) cuenta con el reconocido templo de Gorakhnath, que rinde homenaje al venerado yogui del mismo nombre. Los orígenes del templo se remontan al siglo XI y sigue atrayendo peregrinos. Los devotos acuden en masa a él durante los festivales de Makar Sankranti y Khichdi.

Tumba y santuario de Kabir

Magahar, Uttar Pradesh • India

Magahar, Uttar Pradesh (India) alberga la tumba y el santuario de Kabir (1398-1518), poeta y místico legendario que predicó la tolerancia religiosa y el amor universal. Fundado en el siglo XVI, el santuario es un importante destino de peregrinación para los seguidores de Kabir y los amantes de la poesía mística.

Chakra Tirtha

Naimisharanya, Uttar Pradesh • India

Chakra Tirtha, situado en Naimisharanya, Uttar Pradesh (India) es un lugar sagrado vinculado al chakra divino o disco del dios Visnú. Los peregrinos visitan el lugar todo el año, especialmente en fechas señaladas como el Somvati Amavasya. Su importancia mitológica radica en la creencia de que el *súdarshan chakra* del dios Visnú creó el lago Naimisharanya donde los sabios practicaban la meditación.

Templo Hanuman Gaddi

Naimisharanya, Uttar Pradesh • India

El templo Hanuman Gaddi de Naimisharanya, en Uttar Pradesh (India) es un lugar sagrado dedicado al dios Hánuman. Se cree que fue fundado por sabios en la antigüedad y es un testimonio de la devoción de Hánuman por el dios Rama. Recibe la visita de peregrinos durante todo el año, especialmente los martes y durante la festividad del Hanuman Jayanti.

Estupa de Mahaparinirvana

Kushinagar, Uttar Pradesh • India

En Kushinagar, Uttar Pradesh (India), la estupa de Mahaparinirvana es un testimonio del paso de Buda al nirvana. Creado como lugar de peregrinación en torno al siglo V d. C., el templo actual fue construido por el Gobierno indio en 1956 y atrae a peregrinos budistas de todo el mundo. En el interior del templo hay una imagen de Buda acostado sobre su lado derecho de seis metros de largo.

Templo de Kedarnath

Uttarakhand • India

El templo de Kedarnath, situado a 3583 metros de altura en el Himalaya, en Uttarakhand, (India) es uno de los lugares de peregrinación más importantes del hinduismo. Es uno de los cuatro lugares sagrados direccionales (*char dham*), así como uno de los doce templos más sagrados de Shiva (*jyotirlinga*), y es muy visitado al menos desde el siglo VIII, aunque solo durante los meses de mayo a octubre, cuando las nieves se derriten y las temperaturas son más cálidas.

Santuario de Makhdoom Sahib Dargah

Srinagar, Cachemira • India

Srinagar, en Cachemira, India, alberga el santuario sagrado de Makhdoom Sahib Dargah que conmemora a este venerado santo sufí del siglo XVI. Construido en el siglo XVII, este lugar de peregrinación para musulmanes e hindúes cuenta con una estructura sagrada central sobre la colina de Hari Parbat. La importancia religiosa del Dargah se debe a las enseñanzas del santo, promotor de la paz y la unidad.

Templo de Amarnath

Cachemira • India

El templo de Amarnath es un santuario hindú dedicado a Shiva en el estado indio de Cachemira. Situado en el interior de una cueva apartada a 3888 metros de altura, está rodeado de glaciares y cubierto de nieve la mayor parte del año, salvo durante un breve periodo en verano, cuando se abre a los peregrinos. Una imponente estalagmita de hielo en la cueva, que representa a Shiva, ha atraído a devotos durante miles de años, y sigue haciéndolo: más de 500 000 peregrinos caminan hasta el templo cada año. La cueva también es considerada un templo Shakti Peetha, uno de los 51 lugares del subcontinente indio que conmemoran la ubicación de distintas partes del cuerpo de la deidad hindú Sati, la primera esposa de Shiva.

जय बाबा बफ
भूखे को अन्न

Nagadeepa Purana Rajamaha Viharaya

Isla de Nainathevu • Sri Lanka

Nagapeepa Purana Rajamaha Viharaya, situado en la isla de Nainathevu (Sri Lanka), es un importante lugar de peregrinación budista probablemente fundado en torno al siglo II a. C. El templo venera al rey de los *nagas* (*naga* es cobra en sánscrito), de quien se dice que protegió a Buda durante su meditación y su visita a Sri Lanka. Miles de devotos lo visitan anualmente, sobre todo de febrero a abril.

Templo de Muktinath

Nepal

Situado en las altas montañas (3710 metros) al este de Nepal, el templo de Muktinath es un lugar sagrado venerado tanto por hinduistas como por budistas, para quienes bañarse en sus aguas sagradas puede traer la liberación espiritual. Data del siglo XII y es uno de los 108 lugares sagrados de Vishnu, uno de los 51 templos de la diosa Shakti Pitha, un lugar sagrado para las diosas budistas Dakini Sky Dancer y uno de los 24 lugares tántricos. Además, se considera una manifestación de Avalokitesvara, el *bodhisattva* de la compasión y la virtud.

Templo de Janakpuri

Janakpur • Nepal

Famoso desde el siglo VIII, el templo de Janakpuri, en Nepal, es un importante lugar de peregrinación hindú dedicado a Sita. Según la leyenda, Sita nació y se casó con Rama en Janakpur. El templo principal, Janaki Mandir, se construyó en 1911 y atrae a gran número de peregrinos durante festivales como Ram Navami, el cumpleaños de Rama celebrado en marzo o abril; Vivah Panchami, el día del matrimonio de Sita y Rama, en noviembre; Holi, el festival de los colores, en marzo; y Diwali, el festival de las luces, a principios de noviembre.

Budhanilkantha

Katmandú • Nepal

Budhanilkantha, situado en Katmandú (Nepal), es un enigmático templo hindú con una gran estatua reclinada del Señor Visnú. Se cree que se fundó en torno al siglo VII. Los devotos de Visnú acuden a él sobre todo durante el festival Haribodhini Ekadashi, en octubre o noviembre. La importancia mitológica del templo está relacionada con la leyenda del sueño de Visnú en el océano cósmico, que simboliza la creación y preservación del universo.

Templo Chimi Lhakhang

Distrito de Punakha • Bután

El templo Chimi Lhakhang, también conocido como Templo de la Fertilidad, es un importante monasterio budista del distrito de Punakha, en Bután. Fue construido en el siglo XV por el Lama Drukpa Kunley, un excéntrico santo budista conocido por promover la fertilidad. El templo es famoso por bendecir con descendencia a las parejas sin hijos, y en él se venera una imagen del falo del santo «divino loco». El santuario de la fertilidad recibe miles de visitantes al año en busca de sus bendiciones. Las mujeres de la zona acuden para recibir un pequeño y auspicioso golpe de un falo de madera. Chimi Lhakhang, encarnación de las creencias budistas y las tradiciones de fertilidad, es uno de los lugares sagrados más característicos de Bután.

Monasterio de Tharpaling

Bután

El monasterio de Tharpaling (literalmente la tierra de la liberación) pertenece a la tradición Nyingma y fue fundado por el gran maestro budista Gyalwang Longchen Rabjam en el siglo XIV. Los devotos visitan el monasterio de Tharpaling durante el festival anual Tharpaling Tsechu, que suele celebrarse en febrero.

Monasterio de Buli Goempa

Bután

Perteneciente a la tradición Nyingma del budismo tibetano, el recóndito monasterio de Buli Goempa, en Bután, fue fundado en el siglo XIV por el maestro budista Terton Dorji Lingpa.

Kurjey Lhakhang

Bumthang • Bután

Kurjey Lhakhang, situado en Bumthang, Bután, es un complejo sagrado que alberga tres templos budistas. Fundado en torno al siglo VIII, este lugar está estrechamente relacionado con Guru Rimpoche (Padmasambhava), que introdujo el budismo en Bután. Kurjey Lhakhang se visita sobre todo durante el festival anual Kurjey Tsechu, en junio o julio. Su importancia mitológica radica en la creencia de que Guru Rimpoche derrotó aquí a un demonio local y grabó la imagen de su cuerpo en una roca.

Monasterio de Demchig Hiid

Mongolia

Fundado en el siglo XVII por el venerado santo mongol Öndör Gegeen Zanabazar (también gran escultor, diplomático, pintor y poeta), el monasterio de Demchig Hiid se dedicaba a la práctica del budismo Vajrayana, y su deidad principal era Demchog, también conocido como Chakrasamvara. Destruido en su mayor parte durante las purgas estalinistas de la década de 1930, ha sido restaurado y ahora es un monasterio en activo que visitan peregrinos de toda la Asia budista.

Monasterio de Tuvkhun

Shireet Ulaan Uul • Mongolia

El monasterio de Tuvkhun, también llamado monasterio de Tövjön, está situado a 2600 metros de altitud en la montaña Shireet Ulaan Uul, en Mongolia. Este monasterio fue fundado en 1653 por el budista mongol Öndör Gegeen Zanabazar, cuando este tenía 14 años (llegó a ser un gran escultor, diplomático, pintor, poeta y santo en Mongolia). Originalmente llamado Bayasgalant Aglag Oron (lugar apartado y feliz), fue su retiro durante 30 años y donde creó muchas de sus obras de arte más famosas. Destruido durante las purgas estalinistas de la década de 1930, ha sido reconstruido y hoy es un monasterio en activo y un destino de peregrinación.

Han Bogd Hairham

Mongolia

El chamanismo mongol, llamado tengrianismo, es una religión animista y chamánica que se practica en Mongolia desde la antigüedad. Estaba ligado a la vida social y a la organización tribal de la sociedad mongola y, a lo largo de muchos siglos, recibió influencias del budismo, con el que terminó mezclándose. La montaña sagrada de Han Bogd Hairham es el lugar de culto de la deidad celeste Tengri. Marcada por un característico monumento de piedra adornado con inscripciones y tallas antiguas, es muy venerada por los peregrinos.

Templo Galvan Zuu

Tsetserleg • Mongolia

La montaña sagrada de Zayin Horee y el templo Galvan Zuu que allí se erige dominan la ciudad de Tsetserleg, capital de la provincia mongola de Arkhangai. Cientos de escalones conducen hasta su estatua de Buda, de siete metros de altura, y a las numerosas pinturas y tallas religiosas en las rocas de la montaña. Se cree que la montaña está habitada por poderosos espíritus, por lo que atrae visitantes durante todo el año, especialmente en los meses más cálidos del verano.

Monasterio de Tholing

Tíbet

Situado al suroeste del Tíbet, el Monasterio de Tholing es un lugar sagrado cautivador que alberga una rica colección artística y cultural budistas. Este antiguo monasterio, que data del siglo X, fue antaño un destacado centro espiritual del reino de Guge. Aunque no existe un periodo de peregrinación específico, es especialmente emocionante visitarlo durante el Festival Saga Dawa, en mayo o junio, debido a la gran cantidad de peregrinos que acuden a él.

Templo de Puji

Putuoshan • China

El templo de Puji, situado en la isla montañosa de Putuoshan, en China, es un magnífico templo budista dedicado a Guanyin, al *bodhisattva* de la compasión que, según la leyenda, alcanzó la iluminación en la isla. Fundado durante la dinastía Tang (618-907), se cree que es el templo de madera más antiguo del mundo. La montaña Putuo o Putuoshan es una de las cuatro montañas sagradas del budismo chino.

Pilares de piedra de Saoba o Wuhe

Ruisui • Taiwán

Los dos pilares de piedra de Saoba o Wuhe, situados cerca de Ruisui, Taiwán, conforman un conjunto de enigmáticos megalitos que tienen un significado cultural para la tribu indígena amis, que los utiliza para honrar a sus espíritus ancestrales. Ambos megalitos, erigidos probablemente por la cultura beinan hace 2000-3000 años, miden 5,75 y 3,99 metros de altura respectivamente, y es posible que formaran parte de un complejo mayor de piedras verticales que servirían para realizar observaciones celestes basadas en el horizonte con fines ceremoniales.

Templo Chaotian

Beigang • Taiwán

El templo Chaotian, situado en Beigang, Taiwán, es un activo centro de culto dedicado a la venerada diosa Mazu, protectora de los marineros. Fundado durante la dinastía Qing a principios del siglo XVIII, este santuario espiritual presume de una exquisita mezcla de intrincadas tallas, delicadas pinturas y elegancia arquitectónica. La peregrinación anual a Mazu, uno de los mayores acontecimientos religiosos de Taiwán, atrae a un gran número de devotos en busca de protección, guía y bendición de la bienamada diosa.

Templo Fo Guang Shan

Kaohsiung • Taiwán

El templo Fo Guang Shan, cerca de Kaohsiung, Taiwán, es un magnífico monasterio budista fundado en 1967 por el maestro Hsing Yun. Cuenta con la estatua de Buda sentado de bronce más alta del mundo, ocho pagodas, miles de estatuas de Buda y Guanyin, una reliquia dental de Buda e instalaciones para los peregrinos. A lo largo del año se celebran numerosos festivales.

Templo de Sanbangsa

Isla de Jeju • Corea del Sur

A 96 kilómetros del extremo suroccidental de la península coreana se encuentra la isla de Jeju, donde se alza imponente la sagrada montaña de Hallasan (1950 metros) con su lago White Deer, del que se dice es la morada de presencias angélicas. En la ladera inferior de la montaña se halla el templo de Sanbangsa, construido en el interior de una cueva, antaño un santuario pagano que ahora es budista. Dentro de la cueva hay un estanque de agua al que se le atribuyen poderes curativos y el poder de conceder peticiones mediante la oración. Muy cerca de allí hay también un templo con muchas estatuas antiguas de Buda traídas por peregrinos de muchas partes del sudeste asiático durante los últimos mil años.

Monasterio de Hwaeomsa

Monte Jirisan • Corea del Sur

Situado en el monte Jirisan, en Corea del Sur, el monasterio de Hwaeomsa es un notable templo budista del siglo VI que alberga la magnífica Sala Gakhwangjeon, construida en 1701. Aunque el monasterio recibe peregrinos todo el año, el periodo de mayor afluencia es durante el Festival de la Linterna de Loto, que se celebra en mayo. La importancia mitológica del monasterio de Hwaeomsa radica en su dedicación al Sutra Avatamsaka, un texto budista fundacional, y al Buda Vairóchana, que encarna el *dharmakaya* o cuerpo de la verdad de Buda.

Taebaeksan

Corea del Sur

Taebaeksan (la gran montaña blanca), es una de las montañas más sagradas de Corea del Sur, con importantes santuarios chamánicos y templos budistas. Todos los años, el 3 de octubre, se celebra la espectacular ceremonia de Cheonje en la cima de la montaña para conmemorar la fundación de la nación en el 2333 a. C. La importancia mitológica de la ceremonia se atribuye a la creencia de que conecta el reino terrenal con el celestial, garantizando la armonía y el equilibrio.

Pagoda Chùa Bà Thiên Hâu

Saigon • Vietnam

Chùa Bà Thiên Hâu es un extenso complejo de pagodas budistas situado a orillas del río Hau, en Vietnam, que se construyó a principios del siglo XIX en honor de Mazu, la diosa de la misericordia, conocida como Bà Thiên Hâu en vietnamita. Con una extensión de varias hectáreas, contiene múltiples estructuras de templos, jardines y patios, incluida la pagoda principal, con intrincadas tallas y una gran estatua de la diosa. El recinto también cuenta con santuarios, imágenes de Buda, jardines de bonsáis, lagos de tortugas y estatuas en medio de una exuberante vegetación. Considerada sagrada, la pagoda atrae a peregrinos budistas que acuden a rezar, hacer ofrendas y buscar bendiciones, especialmente durante el festival anual de Poya, cuando miles de personas se reúnen para participar en los rituales en honor a Bà Thiên Hâu.

Pagoda Thien Mu

Hue • Vietnam

En Hue, Vietnam, encontramos la antigua pagoda Thien Mu, un emblemático templo budista conocido por su pagoda de siete pisos. Fundado en 1601, es un lugar sagrado de peregrinación desde hace siglos. La estructura principal del templo, la torre Phuoc Duyen, se construyó en 1844. La importancia mitológica de esta pagoda está relacionada con la dama celestial, una figura mística que se cree apareció en una colina y profetizó la construcción del templo.

Koh Ker

Camboya

Koh Ker es un remoto yacimiento arqueológico situado al norte de Camboya, a 120 kilómetros del antiguo emplazamiento de Angkor, donde se han encontrado más de 180 santuarios en una zona protegida de 81 kilómetros cuadrados. Solo pueden visitarse unas dos docenas de monumentos, porque la mayoría de los santuarios están ocultos en la selva y la zona no está totalmente desminada. Sin parangón en la civilización jemer es la pirámide Prang, de 36 metros de altura y siete niveles, que muy probablemente sirvió como templo estatal de Jayavarman IV, regidor del lugar de 928 a 941.

Wat Phabat Phonsane

Phabath • Laos

Enclavado en Phabath, Laos, Wat Phabat Phonsane es un sereno templo budista que ha sido lugar de peregrinación desde el siglo XVI. Su característica más notable es la "huella" sagrada de Buda, alojada en el interior del templo. Este lugar sigue siendo un importante destino espiritual para los budistas que buscan bendiciones y guía. La principal estructura sagrada se construyó en 1620, mientras que el complejo del templo se ha ido ampliando con el tiempo. Los peregrinos acuden en masa al templo durante el festival anual Wat Phabat Phonsane, que se celebra en enero. La importancia mitológica del lugar está ligada a la creencia de que la huella sagrada de Buda bendice a todos los que lo visitan.

Estupa de That Sikhottabong

Thakhek • Laos

Situada junto al río Mekong, en Thakhek (Laos) la estupa de That Sikhottabong es un venerado lugar budista que data del siglo VI. De 29 metros de altura, contiene reliquias de Buda y todos los años es escenario de una peregrinación de varios días durante la luna llena del tercer calendario lunar (normalmente en febrero).

Pagoda de Shwemawdaw

Bago • Myanmar

Bago, en Myanmar, alberga la magnífica pagoda de Shwemawdaw, la más alta de Myanmar con 114 metros de altura. Construida inicialmente en el siglo X y destruida varias veces a causa de los terremotos, se cree que custodia dos cabellos sagrados de Buda. El Festival de la Pagoda Shwemawdaw, celebrado anualmente en abril, es el principal periodo de peregrinación, aunque el lugar recibe peregrinos todo el año.

Candi Sukuh

Monte Lawu • Java, Indonesia

Situado frente al monte Lawu, en Java, Indonesia, Candi Sukuh es un lugar sagrado con un estilo arquitectónico único y misterioso. El templo del siglo XV, que se asemeja a una pirámide escalonada, está dedicado al dios hindú Shiva y simboliza el monte Meru, la montaña cósmica central de la cosmología hindú. Los peregrinos llevan visitando Candi Sukuh desde su construcción, siendo Maha Shivaratri un destacado periodo de peregrinación. Los orígenes de sus constructores y su extraño estilo escultórico siguen siendo un misterio, aunque parece marcar una reaparición del animismo prehindú que existió hace 1500 años.

Parque Nacional Lore Lindu

Besoa, Bada, Napu • Isla de Célebes, Indonesia

El Parque Nacional Lore Lindu, en la isla de Célebes (Indonesia), tiene tres valles –Besoa, Bada y Napu– que albergan unos 400 restos megalíticos de granito, entre ellos estatuas verticales de diferentes tamaños con rostros humanos y no humanos, y misteriosos recipientes con una cavidad de enorme tamaño llamados *kalambas*. Varios investigadores han especulado que estas piedras fueron talladas hace más de 5000 años, mientras que otros sugieren que se crearon hace tan solo 1000 años. Igualmente misterioso resulta el propósito de los megalitos, la identidad del pueblo que los talló y el origen de la piedra.

Templo de las Cuevas de Batu

Kuala Lumpur • Malaysia

El templo de las Cuevas de Batu está situado a unos 15 kilómetros al norte de Kuala Lumpur, Malasia, y es famoso por sus cuevas de piedra caliza y la estatua de Murugan, de 43 metros de altura. También conocido como Kartikeya, Skanda y Subramaniyam, Murugan es hijo de Shiva y Parvati (diosa hindú de la fertilidad, el amor y la devoción) y hermano menor de Ganesh, con cabeza de elefante. Como lugar de peregrinación hindú, las cuevas de Batu atraen a fieles desde finales del siglo XIX. El templo principal de las cuevas, Sri Subramaniar Temple, se construyó en 1891. El periodo de peregrinación más importante se da durante el festival anual Thaipusam, entre enero y febrero.

Ishibutai Kofun

Asuka • Japón

El yacimiento arqueológico de Ishibutai Kofun, situado en Asuka, es la estructura megalítica más grande conocida de Japón. Se compone de unas treinta rocas que recubren los laterales y dos enormes losas de techo que pesan unas 60 y 77 toneladas. Hace mucho tiempo, toda la estructura estuvo cubierta por un montículo de tierra, que se erosionó o fue retirado por el hombre. Contrariamente a las suposiciones de los arqueólogos ortodoxos, no hay pruebas sobre la edad, el uso o la identidad de los constructores. Además, no se ha excavado ningún resto funerario dentro o alrededor de esta estructura de piedra. La finalidad de esta monumental estructura sigue siendo un completo misterio.

Ishi no Hodel

Takasago • Japón

Ishi no Hodel (santuario de piedra) es un misterioso monolito de piedra situado en el interior del santuario sintoísta de Oshiko Jinja, en Takasago, Japón. También conocida como Uki-Ishi (roca flotante), la roca de extraña forma pesa unas 500 toneladas y parece flotar sobre la superficie del agua. Los orígenes del monolito siguen siendo un misterio, aunque los expertos sugieren que se construyó en algún momento del periodo Jomon, comprendido entre el año 14 000 y el año 200 a. C. No hay pistas sobre cómo los canteros lo tallaron debido a la falta de pruebas históricas de la zona. Tampoco se han encontrado ni herramientas ni inscripciones/grabados cerca de este yacimiento.

Santuario sintoísta de Futami Okitama

Ise • Japón

El pequeño santuario sintoísta de Futami Okitama se encuentra en la costa, a unos quince kilómetros al este del gran templo sintoísta de Ise. Las dos rocas que sobresalen en el mar cerca del santuario, conocidas como Meoto Iwa o «Las rocas casadas», simbolizan a las deidades sintoístas Izanagi e Izanami, la pareja divina responsable de la creación de las islas japonesas. Formada por la roca «masculina», de 9 metros de altura, y la roca «femenina», de 4 metros, unidas entre sí por una enorme cuerda, este es un famoso símbolo del emparejamiento, así como un lugar de culto desde la antigüedad. Se considera un lugar auspicioso para las parejas casadas o en proceso de cortejo.

Iglesia de San Agustín

Páoay, Luzón • Filipinas

La iglesia de San Agustín, situada en Páoay, Luzón (Filipinas) es Patrimonio de la Humanidad de la UNESCO y un excelente ejemplo de la arquitectura barroca filipina. Fundada en el siglo XVIII, esta histórica iglesia católica romana representa una fusión única de diseño europeo y artesanía local. La iglesia ocupa un lugar destacado en la historia religiosa y cultural filipina y sigue siendo un centro vital de culto y espiritualidad. Las principales celebraciones católicas, como Semana Santa y Navidad, atraen a multitud de visitantes.

Monte Wollumbin

Australia

El monte Wollumbin, de 1156 metros de altura y situado en la costa oriental de Australia, es un lugar sagrado para los aborígenes Bundjalung desde la antigüedad. Según la tradición aborigen, Wollumbin es la morada terrenal del creador, Nguthungulli.

EL AUTOR

Martin Gray empezó a apasionarse por los viajes, la arqueología, la fotografía y los lugares de peregrinación cuando vivía en la India, durante sus primeros años de adolescencia. Cuando volvió a la India en su adolescencia tardía, empezó a practicar el *Bhakti* yoga, el yoga de la devoción, una práctica que mantuvo durante las cuatro décadas de peregrinaciones a más de 2000 lugares sagrados en casi 170 países. Durante todos esos años, leyó muchísimo sobre mitología, religión y ecología, y escribió varios libros, además de crear la conocidísima *Guía mundial de Peregrinación* en sacredsites.com

DE LA MISMA EDITORIAL

Atlas

Atlas de climas extremos
Atlas de las curiosidades geográficas
Atlas de vinos insólitos

Libros de fotografía

Cines abandonados en el mundo
España abandonada
Estados Unidos abandonado
Iglesias abandonadas - Lugares de culto en ruinas
Japón abandonado
Patrimonio abandonado
Venecia desde el cielo
Venecia desierta

En inglés
Abandoned Asylums
Abandoned Australia
Abandoned Belgium
Abandoned Italy
Abandoned Lebanon
Abandoned USSR
After the Final Curtain - The Fall of the American Movie Theater
After the Final Curtain - America's Abandoned Theaters
Baikonur - Vestiges of the Soviet space programme
Chernobyl's Atomic Legacy
Clickbait
Forbidden Places
Forbidden Places - Vol.2
Forbidden Places - Vol.3
Forgotten Heritage

Guides «Soul of»

Ámsterdam - Guía de las 30 mejores experiencias
Kioto - Guía de las 30 mejores experiencias
Soul of Atenas - Guía de las 30 mejores experiencias
Soul of Barcelona - Guía de las 30 mejores experiencias
Soul of Berlín - Guía de las 30 mejores experiencias
Soul of Lisbon - Guía de las 30 mejores experiencias
Soul of Los Angeles - Guía de las 30 mejores experiencias
Soul of Marrakech - Guía de las 30 mejores experiencias
Soul of Nueva York - Guía de las 30 mejores experiencias
Soul of Roma - Guía de las 30 mejores experiencias
Soul of Tokyo - Guía de las 30 mejores experiencias
Soul of Venecia - Guía de las 30 mejores experiencias

Guías insólitas y secretas

Ámsterdam insólita y secreta
Barcelona insólita y secreta
Bruselas insólita y secreta
Buenos Aires insólita y secreta
Cádiz insólita y secreta
Ciudad de Mexico insólita y secreta
Costa Azul insólita y secreta
Estambul insólita y secreta
Florencia insólita y secreta
Granada insólita y secreta
Lisboa insólita y secreta
Londres insólita y secreta
Los Ángeles insólita y secreta
Madrid insólita y secreta
Milán insólita y secreta
Nueva York insólita y secreta
París insólita y secreta
Praga insólita y secreta
Río insólita y secreta
Roma insólita y secreta
Santiago insólito y secreto
Sevilla insólita y secreta
Tokio insólita y secreta
Venecia insólita y secreta
Viena insólita y secreta

En inglés
Secret Bangkok
Secret Belfast
Secret Brighton – An unusual guide
Secret Brooklyn
Secret Edinburgh – An unusual guide
Secret Glasgow
Secret Helsinki
Secret Johannesburg
Secret Liverpool – An unusual guide
Secret New York – Curious Activities
Secret New York – Hidden Bars & Restaurants
Secret Singapore
Secret Sussex – An unusual guide
Secret York – An unusual guide

Maquetación: Emmanuelle Willard Toulemonde - Tradución: Patricia Peyrelongue -

Corrección de estilo: Carmen Moya - Revisión de estilo: Lourdes Pozzo - Edición: Clémence Mathé

Depósito legal: Octubre 2023 – Edición: 01

ISBN: 978-2-36195-688-2

Impreso en Eslovaquia por Polygraf